A Leb wohl, du teures Land – Momentaufnahmen

1 Vier Situationen aus Gegenwart und Geschichte

Wandbild in Diamante/Kalabrien

Gino Chiellino
Heimat

Die Heimat
ist kein Stück Land
   das
entwurzelt
hinter der Abfahrt
zurückbleibt.

Die Heimat
  ist
ein Teil der Entscheidung
sie kommt mit.

In der Fremde
lebt sie mit ihm zusammen
weiter.

Walter Mehring
Der Emigrantenchoral

Werft
   eure Herzen über alle Grenzen,
Und wo ein Blick grüßt, werft die Anker aus!
Zählt auf der Wandrung nicht nach Monden, Wintern, Lenzen –
5 Starb eine Welt – ihr sollt sie nicht bekränzen!
Schärft
das euch ein und sagt: Wir sind zu Haus!
    Baut euch ein Nest!
    Vergesst – vergesst
10 Was man euch aberkannt und euch gestohln!
Kommt ihr von Isar, Spree und Waterkant:
Was gibt's da heut zu holn?
    Die ganze Heimat
      Und das bisschen Vaterland
15 Die trägt der Emigrant
   Von Mensch zu Mensch – von Ort zu Ort
An seinen Sohl'n, in seinem Sacktuch mit sich fort.

Tarnt
   euch mit Scheuklappen – mit Mönchskapuzen:
20 Ihr werdet euch doch die Schädel drunter beuln!
Ihr seid gewarnt: Das Schicksal lässt sich da nicht uzen –
   Wir wolln uns lieber mit Hyänen duzen
   Als drüben mit den Volksgenossen heuln!
Wo ihr auch seid:
25   Das gleiche Leid
Auf 'ner Wildwestfarm – einem Nest in Poln
Die Stadt, der Strand, von denen ihr verbannt:
Was gibt's da noch zu holn?
Die ganze Heimat und
30   das bisschen Vaterland
Die trägt der Emigrant
Von Mensch zu Mensch – von Ort zu Ort
An seinen Sohl'n, in seinem Sacktuch mit sich fort.

Werft
35 eure Hoffnung über neue Grenzen –
Reißt euch die alte aus wie'n hohlen Zahn!
Es ist nicht alles Gold, wo Uniformen glänzen!
Solln sie verleumden – sich vor Wut besprenzen –
Sie spucken Hass in einen Ozean!
40   Lasst sie allein
   Beim Rachespein
Bis sie erbrechen, was sie euch gestohln
Das Haus, den Acker – Berg und Waterkant.
Der Teufel mag sie holn!
45   Die ganze Heimat und
   das bisschen Vaterland
Die trägt der Emigrant
Von Mensch zu Mensch – landauf
   landab
50 Und wenn sein Lebensvisum abläuft
   mit ins Grab.

Ben Shahn (1898–1969): *Former Community of Jersey Housesteads. Wandmalerei, 1936–37*

Mündlich überliefert
Leb wohl, du teures Land

Leb wohl, du teures Land, das mich geboren.
Beamtenwillkür treibt mich fort von hier.
Ich hab Amerika mir auserkoren.
Dort scheint allein der Freiheit Sonne mir.
5 Dort drücken mich nicht der Tyrannen Ketten,
dort kennt man erst des Lebens hohen Wert.
Und wer sich will aus Sklaverei erretten,
der folge mir, dort wird er erst geehrt.

Dort kennt man nicht die stolzen Fürstenknechte.
10 Verprassend nur des Landmanns sauren Schweiß.
Dort freut der Mensch sich seiner Menschenrechte,
er erntet auch die Frucht von seinem Fleiß.
Es quälen ihn nicht jene Müßiggänger,
durch Fürstengunst betitelt und besternt.
15 Das Sklavenwort „Euer Gnaden" und „Gestrengen"
ist aus dem Reich der Sprache weit entfernt.

Nach diesem Lande lasst uns,
     ihr Brüder, ziehen,
es folge mir, der die Freiheit liebt
20   und ehrt;
ein neu's Leben wird dort uns
     blühen,
und Gott ist's, der die Wünsche
     uns gewährt.
25 Schon schlägt die längst ersehn-
     te Stunde,
der Abschiedstag, ihr Brüder, ist
     jetzt da,
und bald erschallt aus unserm
30   Munde:
Wie gut, wie gut ist's in Amerika.

Der Segler „Deutschland", das erste Schiff der HAPAG

ARBEITSANREGUNGEN

1. Die Abbildungen und Gedichte auf den Seiten 3–5 lassen verschiedene **Aspekte des Themas** „Heimatverlust und Exil" erkennen. Notieren Sie diese in Stichworten.
2. Welchen Zeiten würden Sie diese Bilder und Gedichte zuordnen? Begründen Sie Ihre Entscheidung.

Publius Ovidius Naso (43 v. Chr. – 17 n. Chr.), römischer Dichter, wurde im Jahr 8 n. Chr. verbannt: vorgeblich wegen seines erotischen Lehrgedichts „Ars amatoria" (Liebeskunst), das als unmoralisches Werk in Verruf geriet (im eher freizügigen Rom wohl nur ein Vorwand). Man vermutet, dass er über die Ausschweifungen von Kaiser Augustus' Enkelin Julia allzu gut informiert war. Ovid wurde lediglich relegiert, durfte also sowohl Bürgerrechte als auch Vermögen behalten. Mitte des Jahres 9 n. Chr. muss er am Schwarzen Meer angekommen sein. In den Jahren des Exils entstanden die fünf Bücher der „Tristia" (Lieder aus der Verbannung), die „Epistulae ex Ponto" (Briefe vom Schwarzen Meer) und das Schmähgedicht „Ibis". Sowohl in den Tristien als auch in den Briefen thematisiert Ovid immer wieder seine Situation am Verbannungsort.

Ovid
Tristia IV 6

Mit der Zeit unterwirft der Stier sich dem ackernden Pfluge,
    bietet den Hals dem Druck seines gebogenen Jochs;
mit der Zeit wird das Pferd den hemmenden Zügeln gehorsam,
    lässt sich das Stachelgebiss legen ins fügsame Maul;
5 mit der Zeit wird der Zorn der punischen Löwen gebändigt,
    und ihre Wildheit bleibt nicht, wie sie ehedem war;
auch das gewaltige indische Tier, das den Zeichen des Führers
    folgt – von der Zeit besiegt, beugt es sich willig dem Dienst.
Zeit lässt schwellen die Trauben, sobald ihre Stiele sich dehnen,
10   macht, dass die Beeren kaum fassen den Saft, der sie füllt.
Zeit entfaltet die Samenkörner zu gelblichen Ähren;
    sie auch entfernt aus dem Obst jeglichen herben Geschmack,
nimmt dem Zahne des Pflugs, der die Erde wendet, die Schärfe,
    schleift Diamanten und schleift härtestes Kieselgestein;
15 sie nur vermag das Wüten des Zornes allmählich zu mildern;
    sie vermindert den Gram, tröstet das trauernde Herz.
Alles also vollbringen die lautlos gleitenden Jahre:
    nur meines Kummers Gewalt sänftigen können sie nicht.
Seit ich die Heimat verließ, hat man zweimal Getreide gedroschen;
20   Zweimal mit nacktem Fuß hat man die Traube gepresst.
Dennoch vermochte die Länge der Zeit mich Geduld nicht zu lehren,
    und es empfindet mein Sinn noch meine Leiden als neu.
Freilich, es fliehn auch oft vor dem Joch die bejahrteren Stiere,
    auch das gebändigte Pferd sträubt vor dem Zügel sich oft.
25 Trauriger noch als die frühere Not ist die jetzige Drangsal:
    bleibt sie sich selbst auch gleich, wächst durch die Dauer sie doch.
Jetzt erst ist mir mein Elend ganz zum Bewusstsein gekommen:
    mit der Erkenntnis nimmt auch die Bedrückung noch zu.
Etwas macht es schon aus, wenn man frische Kräfte noch mitbringt,
30   wenn die Wucht des Geschicks nicht uns zu frühe verbraucht.
Mutiger steht ein neuer Ringer im sandigen Kampfplatz,
    als wenn langer Verzug ihm seine Arme geschwächt;
besser ergeht es dem frischen Kämpfer in glänzender Rüstung,
    als wem die Waffen sich schon röten vom eigenen Blut.
35 Heftige Stürme erträgt ein Schiff, das soeben gebaut ward,
    während ein altes zerschellt, wehn auch die Winde nur schwach.
Ich auch trage nur schwer (und ertrug es doch früher geduldig)
    Leid, das im Laufe der Zeit noch um ein Vielfaches wuchs.

Anonym: Ovid.
Kupferstich, 18. Jh.

A 1 Vier Situationen aus Gegenwart und Geschichte

40 Glaubt mir, es geht zu Ende; mich lässt mein entkräfteter Körper
ahnen: nur wenige Frist dauert mein Leiden noch an.
Hab' ich doch weder die Kraft noch die Farbe, die früher gewesen:
kaum eine magere Haut hüllt meine Knochen noch ein.
Aber im krankenden Leib ist ein kränkerer Geist: unaufhörlich
steht er in seines Geschicks düstre Betrachtung versenkt.
45 Fern ist der Anblick der Stadt, fern sind meine Lieben, die Freunde,
fern die Gemahlin: es ist keine mir teurer als sie.
Nah ist das skythische Volk, sind die hosentragenden Geten[1];
drum, was ich sehe und nicht sehe, erregt mich zugleich.
Dennoch, es bleibt eine Hoffnung, die kann mich trösten in allem:
50 dass in Kürze der Tod endigen werde mein Leid.

1 **Geten:** thrakische Stammesgruppe, beiderseits der unteren Donau lebend. Tomis (heute Constanza) war ein Dorf an der Küste des Schwarzen Meeres. Ursprünglich eine griechische Siedlung, lebten dort zur Zeit Ovids Skythen, Geten und griechische Mischlinge. Es wurde dort ein barbarisches, also gebrochenes Griechisch neben reinem Getisch (das Ovid sehr bald beherrschte) gesprochen.

INFOBLOCK

GEDICHTFORMEN

Ballade: Strophisch gegliederte längere Gedichtform, meist gereimt. Kennzeichnend für die Ballade sind ihr epischer Inhalt und ihre dramatischen Gestaltungsmittel (z. B. direkte Rede).

Elegie: Gedicht, das meist eine resignierend-wehmütige Stimmung ausdrückt, in der Form elegischer Distichen. Ein Distichon besteht aus zwei daktylischen Versen: einem mit sechs Versfüßen (Hexameter) und einem mit fünf Versfüßen (Pentameter).

Lied: Seit dem Mittelalter wichtigste und schlichteste Form der Lyrik, die – auch in der Gestalt des Volksliedes – menschliche Gefühle zum Ausdruck bringt. In der Dichtung zur Kunstform entwickelt, aber immer in der Nähe zu volkstümlicher Gefühlslyrik, Höhepunkt in der Liederdichtung der Hochromantik („Des Knaben Wunderhorn") mit kunstvollen Vertonungen. Die Liedstrophe besteht aus vier jambischen Verszeilen mit Wechsel von drei und vier Hebungen oder durchgängig vier Hebungen mit Reimbindung und abwechselnd männlichen und weiblichen Kadenzen.

Ode: Reimlose, strophisch gegliederte, lange Gedichtform, die einem festen Metrum folgen kann, aber nicht muss. Typisch für die Ode ist der hohe, pathetische Sprachstil, der zur Erhabenheit der behandelten Themen (Gott, Religion, Staat, Vaterland, Kunst, Freundschaft, Liebe ...) passt. Häufig richtet sich das lyrische Ich an ein Gegenüber.

Sonett: Streng gebautes Reimgedicht aus 14 Versen, die strophisch in zwei Quartette (je vier Verse) und zwei Terzette (je drei Verse) gegliedert sind. Am häufigsten findet sich die Reimordnung abba abba ccd eed. Im Barock dominiert der Alexandriner (sechsfüßiger Jambus mit Zäsur in der Mitte), doch gibt es in der Moderne viele Variationen sowohl im Versmaß als auch in der Reimbindung. Die innere Struktur ist beim Alexandriner antithetisch, zwischen Quartetten und Terzetten besteht der Zusammenhang von Spannung – Entspannung; Voraussetzung – Folgerung oder auch These – Antithese – Synthese.

ARBEITSANREGUNGEN

1. Wie beschreibt Ovid seine Situation? Welche Schwierigkeiten nennt er?
2. Es handelt sich bei diesem Gedicht um eine **Elegie**. Basisinformationen zu dieser Gedichtform finden Sie im vorangehenden Infoblock ▷ Gedichtformen.
   Analysieren Sie Struktur und wesentliche Stilmittel dieser Elegie.
3. Untersuchen Sie, wo **Vergleiche** gezogen werden, und erläutern Sie deren Bedeutung für die Elegie.
4. In welchem Verhältnis steht das **Versmaß** zum Inhalt des Gedichts?

2 Von der „Größe und Erbärmlichkeit" des Exils

> Wo ich bin, ist Deutschland.
>
> *Thomas Mann*

> Die Fremde ist nicht Heimat geworden.
> Aber die Heimat Fremde.
>
> *Alfred Polgar*

> „Gib dem Herrn die Hand, er ist ein Flüchtling",
> sagte eine Großmutter zu ihrem Enkel, als ich am
> 16. Dezember die Grenze überschritten hatte.
>
> *Jacob Grimm, 1837*

Stefan Zweig

Declaracão

Ehe ich aus freiem Willen und mit klaren Sinnen aus dem Leben scheide, drängt es mich, eine letzte Pflicht zu erfüllen: diesem wundervollen Lande Brasilien innig zu danken, das mir und meiner Arbeit so gute und gastliche Rast gegeben. Mit jedem Tage habe ich dies Land mehr lieben gelernt und nirgends hätte ich mir mein Leben lieber vom Grunde aus neu aufgebaut, nachdem die Welt meiner eigenen Sprache für mich untergegangen ist und meine geistige Heimat Europa sich selber vernichtet.

Aber nach dem sechzigsten Jahre bedürfte es besonderer Kräfte, um noch einmal neu zu beginnen. Und die meinen sind durch die langen Jahre heimatlosen Wanderns erschöpft. So halte ich es für besser, rechtzeitig und in aufrechter Haltung ein Leben abzuschließen, dem geistige Arbeit immer die lauterste Freude und persönliche Freiheit das höchste Gute dieser Erde gewesen.

Ich grüße alle meine Freunde! Mögen sie die Morgenröte noch sehen nach der langen Nacht. Ich, allzu Ungeduldiger, gehe ihnen voraus.

Petropolis, 22.II.1942

Thomas Mann

Zum Tod von Stefan Zweig

Brief an Stefan Zweigs Frau Friderike vom 15.IX.1942 (Ausschnitt):

War er sich keiner Verantwortung bewusst gegen die Hunderttausende, unter denen sein Name groß war und auf die seine Abdankung tief deprimierend wirken musste? Gegen die vielen Schicksalsgenossen in aller Welt, denen das Brot des Exils ungleich härter ist, als es ihm, dem Gefeierten und materiell Sorgenlosen war? Betrachtete er sein Leben als reine Privatsache und sagte einfach: ‚Ich leide zu sehr. Sehet Ihr zu. Ich gehe'? Durfte er dem Erzfeinde den Ruhm gönnen, dass wieder einmal einer von uns vor seiner ‚gewaltigen Welterneuerung' die Segel gestrichen, Bankerott erklärt und sich umgebracht habe? Das war die vorauszusehende Auslegung dieser Tat und ihr Wert für den Feind. Er war Individualist genug, sich nicht darum zu kümmern.

Klaus Mann

Heimkehr oder Exil?
(13. März 1942)

Heimkehr oder Exil? Falsche Problemstellung! Überholte Alternative! Die einzig aktuelle, einzig relevante Frage ist: Wird aus diesem Kriege eine Welt erstehen, in der
5 Menschen meiner Art leben und wirken können? Menschen meiner Art, Kosmopoliten aus Instinkt und Notwendigkeit, geistige Mittler, Vorläufer und Wegbereiter einer universalen Zivilisation werden entweder *überall* zu
10 Hause sein oder *nirgends*. In einer Welt des gesicherten Friedens und der internationalen Zusammenarbeit wird man uns brauchen; in einer Welt des Chauvinismus, der Dummheit, der Gewalt gäbe es keinen Platz, keine Funk-
15 tion für uns. Wenn ich das Kommen einer solchen Welt für unvermeidlich hielte, ich folgte heute noch dem Beispiel des entmutigten Humanisten Stefan Zweig …
Aber warum sollte das Schlimmste immer un-
20 vermeidlich sein? Ich bin nicht ohne Hoffnung. (Hoffnung als Pflicht. Hoffnungslosigkeit als Schwäche.)

Klaus Mann

Die Tradition lebendig halten (1942)

Der deutsche Schriftsteller im Exil sah seine Funktion als eine doppelte: Einerseits ging es darum, die Welt vor dem Dritten Reich zu warnen und über den wahren Charakter des Regi-
5 mes aufzuklären, gleichzeitig aber mit dem ‚anderen‘, ‚besseren‘ Deutschland, dem illegalen, heimlich opponierenden also, in Kontakt zu bleiben und die Widerstandsbewegung in der Heimat mit literarischem Material zu ver-
10 sehen; andererseits galt es, die große Tradition des deutschen Geistes und der deutschen Sprache, eine Tradition, für die es im Lande ihrer Herkunft keinen Platz mehr gab, in der Fremde lebendig zu erhalten und durch den
15 eigenen schöpferischen Beitrag weiterzuentwickeln.

Carl von Ossietzky

Schicksal teilen (1932)

Der Oppositionelle, der über die Grenze gegangen ist, spricht bald hohl ins Land hinein. Der ausschließlich politische Publizist namentlich kann auf die Dauer nicht den Zusammenhang mit dem Ganzen entbehren, gegen das er kämpft, für das er kämpft, ohne in Exaltationen und Schiefheiten zu verfallen. Wenn man den verseuchten Geist eines Landes wirkungsvoll bekämpfen will, muss man dessen allgemeines Schicksal teilen.

Paul Zech

Wovon leben? (1941)

Aus einem Brief an den Sekretär der American Guild for German Cultural Freedom[1]:

Mit 30 Dollar könnte ich hier zwar kein Wohlleben führen, aber auch nicht so hinvegetieren wie heute. Sie werden es wahrscheinlich nicht glauben, dass ich nur einen Anzug besitze, mehrfach geflickt, dass ich Mantel und Unterwäsche schon seit drei Jahren nicht mehr kenne und Strümpfe und Schuhe nur dann anziehe, wenn ich in die Stadt muss. Wozu führt man dieses Leben noch? Und wofür müht man sich? Oft scheint es mir, als ob Toller[2] und Tucholsky[3] den richtigen Weg gegangen sind; und dass es nur die grenzenlose Feigheit ist, die uns daran hindert, denselben Weg zu beschreiten.

1 **American Guild for German Cultural Freedom:** 1935 von Hubertus Prinz zu Löwenstein gegründete und von ihm als Generalsekretär geleitete amerikanische Organisation zur Aufbringung der Mittel für die Aufgaben einer Deutschen Akademie der Künste und Wissenschaften im Exil; nahm zunehmend die Aufgaben einer Hilfsorganisation für exilierte Schriftsteller, Künstler und Wissenschaftler wahr (bis Dezember 1940).

2 **Ernst Toller**, geb. 1893, nahm sich 1939 in New York das Leben.

3 **Kurt Tucholsky**, geb. 1890, nahm sich 1935 in Hindas (Schweden) das Leben.

Alfred Polgar

Schicksal in drei Worten (1936)

Herr und Frau X, deutsche Emigranten (der Mann ist Mittelschullehrer), hatten viele Versuche unternommen, anderswo als im Vaterland, wo ihnen dies unmöglich gemacht worden war,
5 Erwerb zu finden, eine neue Existenz aufzubauen. Es glückte aber nirgends, in keinem europäischen Land. Zu viele Kameraden im Elend strebten gleichem Ziel zu wie das Ehepaar, tauchte heute der Schimmer einer Möglichkeit von Arbeit und Verdienst auf, war er
10 morgen wieder entschwunden, immer mühevoller wurde die Hetzjagd nach dem täglichen Brot, immer feindselig-fremder die Fremde. Da ereilte den Emigranten das große Glück: Man bot ihm eine Stellung in Sydney an. Sydney in
15 Australien. Er griff natürlich mit Freuden zu. „Australien", sagte ein Bekannter zu dem Glücklichen, „mein Gott, das ist aber weit!" … Die Antwort lautete: „Weit? … Von wo?"

Lion Feuchtwanger

Der Schriftsteller im Exil (1943)

[…] viele Schriftsteller mehr als andere Exilanten leiden unter den läppischen kleinen Miseren, aus denen der Alltag des Exils sich zusammensetzt. Es ist keine große Sache, in einem
5 Hotel wohnen zu müssen und auf Schritt und Tritt bürokratischen Weisungen unterworfen zu sein. Aber einen weitgespannten Roman in einem Hotelzimmer zu schreiben, ist nicht jedem Schriftsteller gegeben, es reißt an den Ner-
10 ven; es reißt doppelt an den Nerven, wenn der Autor nicht weiß, ob er morgen noch dieses Hotelzimmer wird zahlen können, wenn seine Kinder ihn um Essen bitten und wenn die Polizei ihm mitteilt, dass binnen drei Tagen seine
15 Aufenthaltsbewilligung abgelaufen ist. Die Leiden der Verbannung sind nur in seltenen Augenblicken heroisch, sie bestehen zumeist aus kleinen, albernen Misslichkeiten, denen sehr oft etwas leise Lächerliches anhaftet. Aber die Überwindung dieser kleinen
20 äußeren Schwierigkeiten kostet im günstigsten Fall viel Zeit und Geld. Von mir zum Beispiel verlangte man in verschiednen Ländern, ich solle Papiere beibringen, die ich als Flüchtling nicht haben konnte, ich solle mit Doku-
25 menten aus meiner Heimat nachweisen, dass ich es bin, dass ich geboren bin und dass ich Schriftsteller bin. Ich übertreibe nicht, wenn ich konstatiere, dass die Bemühungen, dies nachzuweisen, mich ebenso viel Zeit gekostet
30 haben wie das Schreiben eines Romanes. Die ökonomischen Schwierigkeiten und der aufreibende Kampf mit Nichtigkeiten, die nicht aufhören, sind das äußere Kennzeichen des Exils. Viele Schriftsteller sind davon zer-
35 mürbt worden. Viele zogen den Selbstmord dem tragikomischen Leben im Exil vor.

Bertolt Brecht

Aus dem Arbeitsjournal (5.4.1942)

hier Lyrik zu schreiben, selbst aktuelle, bedeutet: sich in den elfenbeinturm zurückziehen. es ist, als betreibe man goldschmiedekunst. das hat etwas schrulliges, kauzhaftes,
5 borniertes. solche lyrik ist flaschenpost, die schlacht um smolensk geht auch um die lyrik.

ARBEITSANREGUNGEN

1. a) Arbeiten Sie heraus, welche **Aspekte der Exilsituation** in den Texten auf den Seiten 8–10 angesprochen werden.
   b) Schreiben Sie die bisher gefundenen Aspekte des Themas auf Karten und sortieren Sie diese in Ihrem Kursraum an einer Pinnwand/auf einer Wandzeitung oder Ähnliches. Im weiteren Laufe der Unterrichtseinheit können Sie diese Übersicht laufend ergänzen.
2. Bestimmen Sie die Textsorten der Texte und leiten Sie daraus Ihre Darstellungsweise ab.

3 „Wenn einer Dichtung droht Zusammenbruch ..."

Dichter definieren sich über das Schreiben. Was machen sie ohne ein Publikum, das ihre Texte versteht? Ist Schreiben überhaupt eine mögliche Tätigkeit im Exil? Diese Fragen werden in zahlreichen Gedichten exilierter Autorinnen und Autoren gestellt und sehr unterschiedlich beantwortet.

Ein Sonderfall, in dem die Leidenssituation oft ans Äußerste getrieben ist, sind all jene Menschen, die in und von der Sprache leben. ‚Das Haus der Sprache' hat Karl Kraus den Aufenthalt der Schriftsteller genannt. Und dieses Haus zu verlieren, kann schmerzlicher sein als der Entzug der vertrauten Umgebung.

Hilde Spiel, 1984

Einige von uns haben es mit einigem Erfolg versucht, in der fremden Sprache zu schreiben: Wirklich geglückt ist es keinem. Es kann keinem glücken. Gewiss, man kann lernen, sich in einer fremden Sprache auszudrücken; die letzten Gefühlswerte des fremden Tonfalls lernen kann man nicht. In einer fremden Sprache dichten, in einer fremden Sprache gestalten kann man nicht. Einen Barbaren nannten die Griechen und Römer jeden, der sich nicht in ihrer Sprache ausdrücken konnte. Der Dichter Ovid, zu solchen Barbaren verbannt, hat in ihrer barbarischen Sprache gedichtet und wurde von ihnen hoch geehrt. Dennoch hat er geklagt: „Hier bin ich der Barbar, denn keiner versteht mich."

Lion Feuchtwanger, 1943

Keiner, dem meine Gedichte ich lesen könnte, und keiner,
  ach, dessen Ohr nur verstehen könnt' ein lateinisches Wort!
Nur für mich selbst – denn was sollt' ich beginnen? – les' ich und schreib' ich,
  und was ich schreibe, verlässt sich auf mein Urteil allein.

Ovid, Tristia IV 1, 89–92

Schritte der Lyrik-Interpretation

Die folgenden Gedichte bringen unterschiedliche Haltungen gegenüber dem Risiko des Sprachverlustes zum Ausdruck. Sie zeigen aber auch das Bemühen darum, dem „Chaos der Welt" mit der „Ordnung der Form" zu begegnen. Liegt die „Heimat im Wort"? Kann man ins „Reich der Dichtung" fliehen? Kann man in der fremden Sprache dichten? In ihrer Unterschiedlichkeit sind die hier zusammengestellten Gedichte geeignet, zentrale Fragestellungen der Lyrik-Interpretation systematisch zu bearbeiten.

Hilfestellungen geben der Infoblock ▷ Gedichtformen auf Seite 7 und die vorderen und hinteren Umschlagklappen dieses Bandes. Bitte informieren Sie sich deshalb zunächst darüber, welche Interpretationshilfen dort angeboten werden.

Johannes R. Becher
Das Sonett (1945)

Wenn einer Dichtung droht Zusammenbruch
Und sich die Bilder nicht mehr ordnen lassen,
Wenn immer wieder fehlschlägt der Versuch,
Sich selbst in eine feste Form zu fassen,

5   Wenn vor dem Übermaße des Geschauten
Der Blick sich ins Unendliche verliert,
Und wenn in Schreien und in Sterbenslauten
Die Welt sich wandelt und sich umgebiert,

Wenn Form nur ist: damit sie sich zersprenge
10 Und Ungestalt wird, wenn die Totenwacht
Die Dichtung hält am eigenen Totenbett –

Alsdann erscheint, in seiner schweren Strenge
Und wie das Sinnbild einer Ordnungsmacht,
Als Rettung vor dem Chaos – das Sonett.

ARBEITSANREGUNGEN

1. Das **Sonett** (siehe Infoblock ▷ Gedichtformen, Seite 7) ist geradezu eine Modeform der Exillyrik 1933–1945. Johannes R. Becher verfasste im Exil über 350 Sonette und sogar eine „Kleine Sonettlehre".
Wie begründet er hier das Festhalten an dieser strengen Form?
2. Welche weiteren Strukturierungsmittel verwendet Becher?
3. Wie verhalten sich Satzlänge und Verslänge?

Max Herrmann-Neiße
Mir bleibt mein Lied (11.3.1938)

Mir bleibt mein Lied, was auch geschieht,
mein Reich ist nicht von dieser Welt,
ich bin kein Märtyrer und Held,
ich lausche allem, was da klingt
5   und sich in mir sein Echo singt.
    Ob jedes andre Glück mich flieht –
    mir bleibt mein Lied.

Schutzengelhaft gibt es mir Kraft,
denn seine Melodie beschwört
10 das Böse, das den Frieden stört,
doch nicht in meinen Abend dringt,
den zärtlich die Musik beschwingt.
    Ob sich der Himmel schwarz umzieht –
    mir bleibt mein Lied.

15 Was lärmend schallt, ist bald verhallt,
misstönende Vergangenheit,
die nur die eigne Schande schreit,
wenn maßvoll mit holdseligem Ton,
in fast jenseitiger Klarheit schon,
20   mein Lied auf seinem Abschiedspfad
        den Sternen naht …

George Grosz (1893–1959): Max Herrmann-Neiße. Öl auf Leinwand, 1925

ARBEITSANREGUNGEN

1. Arbeiten Sie die **liedhaften Elemente** des Gedichtes heraus.
2. a) Analysieren Sie die metrische und die Reimstruktur:
    • Welche Wirkung hat sie?
    • Welche Verse haben eine Sonderstellung?
   b) Deuten Sie Ihren Befund: Welche Darstellungsabsicht verfolgte Herrmann-Neiße?

Carl Zuckmayer
Kleine Sprüche aus der Sprachverbannung

I
Jeder denkt, sein Englisch wäre gut,
Wenn er nur den Mund verstellen tut.
Jeder hört so gern die Komplimente,
Dass man es ja gar nicht glauben könnte:
5   Die Geläufigkeit
        In so kurzer Zeit
Und fast frei vom störenden Akzente.

Aber ach, in deiner stillen Kammer
Spürest du der Sprachverbannung Jammer,
10 Krampfhaft suchend die korrekte Wendung
Für ‚Beseeltheit‘ und ‚Gefühlsverblendung‘.
Auch scheint’s solches nicht auf Deutsch zu geben
Wie: zu seinem Rufe auf zu leben.
Und du ziehst betrübt die Konsequenz:
15 Dort ‚Erlebnis‘ – hier ‚Experience‘.
Welch ein Glück noch, dass man seinen Mann
Im Stockholmer Urtext[1] lesen kann – !

II
Die fremde Sprache ist ein Scheidewasser.
Sie ätzt hinweg, was überschüssig rankt.
20 Zwar wird die Farbe blass, und immer blasser –
Jedoch die Form purgiert sich und erschlankt.

Die Übersetzung ist ein Wurzelmesser.
Sie kappt und schneidet, wo es keimend wächst.
Das Mittelmäßige macht sie häufig besser,
25 Vom Bessern bleibt zur Not der nackte Text.

Ach, welche Wohltat, dass man seinen Mann
Noch im Stockholmer Urtext lesen kann –!

III
Es stirbt kein Licht – kein Funke geht verloren.
Kraft wächst aus Kraft in Sturz und Untergang.
30 Aus Katastrophen ward die Welt geboren
Und alles Leichte aus bezwungnem Zwang.

Und amputiert man dich bis beinah zu den Hüften,
So hüpfst du auf den Händen munter fort.
Es grünt aus Felsgestein – es blüht aus Grüften.
35 Der Leib verwest. Lebendig bleibt das Wort.

Für Thomas Mann zu seinem siebzigsten Geburtstag, am 6. Juni 1945

1 **Stockholmer Urtext:** Gemeint ist die deutschsprachige Ausgabe der Werke Thomas Manns des Verlags Beermann-Fischer in Stockholm.

ARBEITSANREGUNGEN

1. Beschreiben Sie den **Ton des Gedichts**. Wie wird die Wirkung erzielt?
2. Untersuchen Sie die **verwendeten Bilder**. Hilfen finden Sie auf der hinteren Umschlagklappe
   ▷ Tropen: Formen uneigentlichen Sprechens.

Rose Ausländer
Mutterland (1978)

Mein Vaterland ist tot
sie haben es begraben
im Feuer

Ich lebe
in meinem Mutterland
Wort

ARBEITSANREGUNGEN

1. Stellen Sie Vermutungen darüber an, welche Vorstellungen Rose Ausländer mit den Begriffen „Mutterland Wort" und „Vaterland" verbindet.
2. Sammeln Sie eigene **Assoziationen** zu „Mutterland Wort" und „Vaterland". Finden Sie verwandte Begriffe?
3. Bilden Sie Wörter mit ‚Vater' und ‚Mutter' und ordnen Sie diese formal so an, dass ein Gegensatz deutlich wird.

Hilde Domin (1909–2006)

Hilde Domin
Exil (1964)

Der sterbende Mund müht sich um das richtig gesprochene Wort einer fremden Sprache.

ARBEITSANREGUNGEN

1. Bringen Sie den hier fortlaufend gedruckten Text eines Gedichts von Hilde Domin in **Gedichtform**. Vergleichen Sie im Kurs Ihre unterschiedlichen Lösungen.
2. Beschreiben Sie die Wirkung, die durch die Anordnung in Kurzzeilen und Ein-Wort-Verse entsteht.
3. „Der sterbende Mund müht sich ...": Wie ist das gemeint?
4. Suchen Sie den Originaltext. Vergleichen Sie ihn mit Ihren Varianten.
5. Untersuchen Sie die **Metrik** in den beiden Gedichten von Rose Ausländer und Hilde Domin. Wie stark ist hier die metrische Strukturierung?
6. Vergleichen Sie die Durchführung des Themas „Sprachverbannung" in den einzelnen Gedichten auf den Seiten 12–14.
   - Welche Funktion hat die Muttersprache?
   - Welche Chancen werden der Sprache des Gastlandes eingeräumt?
   - Warum fällt vielen die Anpassung an die neue Sprachumgebung so schwer?
7. Haben Sie vor dem Hintergrund Ihrer persönlichen Reise- und Fremdsprachenerfahrungen überhaupt Verständnis für dieses Festklammern? Diskutieren Sie im Kurs.

4 Migration in Zahlen

„Migration" bedeutet einfach nur „Wanderung". Im historischen Blick zeigt sich, dass es zu allen Zeiten weltweit Wanderungsbewegungen gegeben hat, teils in ganzen Wellen, teils nur punktuell. Die Gründe für Ortswechsel sind zahlreich, je nach Wanderungsrichtung spricht man von Emigration (Auswanderung), Immigration (Einwanderung) oder auch Permigration (Durchwanderung).

Interessante Hinweise zum Thema Exil finden Sie auf der Website *www.exil-club.de*. Hier folgt eine kurze Zusammenfassung statistischer Daten.

17. und frühes 18. Jahrhundert

Die Zahlen der so genannten österreichischen Exulanten, Religionsflüchtlinge, gehen nach dem Stand der heutigen Forschung in die Hunderttausende, dazu kommen böhmische und pfälzische Flüchtlinge (ebenfalls als Folge der Rekatholisierung), von denen allein über 150 000 Zuflucht in Franken fanden.

Anonym: Die Verbrennung der evangelischen Bücher 1731–1732 (Salzburger Exulanten). Kupferstich, Mitte 18. Jh.

19. Jahrhundert

Die deutsche Auswanderung 1816–1855 (offiziell registrierte Auswanderer)				
1816–1819	=	25 000	Missernten und Hungersnöte
1820–1829	=	21 500	Migration von Lohnarbeitern
1830–1839	=	145 100	überproportionales Bevölkerungswachstum
1840–1849	=	418 800	bei den Unterschichten
			bei gesättigtem Arbeitsmarkt: „Pauperismus"
1816–1844	=	303 200	
1845–1849	=	308 200	
1846	=	63 300	Hungerjahre
1847	=	80 300	
1848	=	62 600	Revolutionsjahre
1849	=	64 200	
1850	=	83 200	Auswanderung infolge des Scheiterns der Revolution
1851	=	78 800	
1852	=	176 400	
1853	=	150 700	
1854	=	239 200	
1855	=	83 800	Abnahme durch verbesserte Binnenkonjunktur
1816–1847	=	**583 800**	
1848–1855	=	**938 900**	

Niederländische Dampfschifffahrts-Gesellschaft.

Vom **10. April** ab fahren die Schiffe dieser Gesellschaft
von Köln um 4 Uhr Morgens
jeden Sonntag, Montag, Dinstag, Mittwoch und Freitag.
In **einem Tage** über **Nymegen** nach **Rotterdam**.
In **einem Tage** nach **Arnheim** im Anschlusse an die Eisenbahnzüge nach **Amsterdam**.
Von **Köln** um **12 Uhr Abends**
jeden Montag, Mittwoch, Donnerstag, Freitag und Samstag
nach **Coblenz, Mainz, Mannheim** und **Ludwigshafen**.
Näheres wegen Passagiere und Güter auf der Haupt-Agentur, Friedrich-Wilhelmstrasse Nr. 4.
Köln, den 8. April 1848.

Post-Dampfschifffahrt zwischen Newyork und Bremen.

Die americanischen Postdampfschiffe **Washington**, Capt. J. Johnston, und **Hermann**, Capt. Crabtree, werden für das Jahr 1848 eine regelmäßige monatliche Verbindung zwischen Newyork und Bremen unterhalten, und zwar so, daß ein Dampfschiff abgehen wird am 20. eines jeden Monats von Newyork nach Bremen, am 15. eines jeden Monats von Bremen und am 20. von Southampton nach Newyork.

Die nächsten Fahrten werden sein:

er Washington am 20. Februar von Newyork, | der Hermann am 20. März von Newyork,
am 15. März von Bremen und | am 15. April von Bremen und
am 20. März von Southampton. | am 20. April von Southampton.

Anzeige einer Schifffahrtsgesellschaft in der Kölnischen Zeitung, 11. April 1848

Die führenden Köpfe der politisch motivierten Auswanderer (etwa 4000) im Zuge der 1848er Revolution werden in Amerika als „Forty-Eighters" bezeichnet. Diese Emigranten nahmen in der neuen Heimat zum Teil bedeutenden Einfluss auf politischem, wirtschaftlichem und kulturellem Gebiet. Als Beispiel sei ein badischer Revolutionär genannt: Friedrich Hecker, geboren 1811, war, als entschiedener Demokrat und Republikaner, badischer Landtagsabgeordneter. Als er das Frankfurter Vorparlament 1848 nicht für seine Ziele gewinnen konnte, trat er in Baden eine Revolution los. Nach deren Scheitern floh Hecker über die Schweiz in die USA; der Volksmund berichtet, er habe bei seinem Abschied das Lied „Leb wohl, du teures Land" (Seite 5) gesungen. In Amerika zählte Hecker mit zu den Begründern der Republikanischen Partei, kämpfte für die Abschaffung der Sklaverei, unterstützte die Wahl Abraham Lincolns und zog als General in den Bürgerkrieg. Friedrich Hecker starb 1881 in St. Louis.

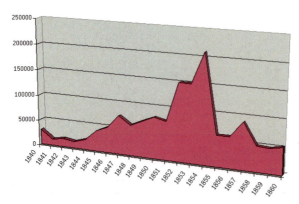

Deutsche Auswanderung in die USA im 19. Jahrhundert

Die politische Emigration 1933–1945

Man kann davon ausgehen, dass von den ca. 400 000 Emigranten etwa ein Zehntel politische und intellektuelle Gegner des Hitler-Faschismus waren. Die meisten der antifaschistischen Schriftsteller deutscher Sprache, die teils auch jüdischer Abstammung waren, sahen sich nach der Machtergreifung und dem Reichtagsbrand (28.2.1933) gefährdet und flohen bereits innerhalb der folgenden Wochen. Darunter waren: Bertolt Brecht (28.2.), Alfred Döblin (28.2.), Oskar Maria Graf (17.2.), Walter Hasenclever (Anfang Februar), Ödön von Horváth (Mitte März), Else Lasker-Schüler (Ende März), Heinrich Mann (21.2.), Erika Mann (12.3.), Klaus Mann (13.3.), Walter Mehring (27.2.), Robert Musil (Sommer 1933), Alfred Polgar (1.3.), Josef Roth (30.1.), Gustav Regler (Anfang März), Anna Seghers (März 1933), Jesse Thoor (März 1933), Ernst Weiß (Mitte 1933), Arnold Zweig (14.3.). Auf Vortragsreise im Ausland waren Lion Feuchtwanger und Thomas Mann (seit 11.2.33). Bereits im Ausland lebten Kurt Tucholsky und Stefan Zweig.

Quantitative Verteilung der politischen Emigranten auf europäische Aufenthaltsländer

Frankreich (1936)	9 000
Bürgerkriegs-Spanien (1937)	7 000
Großbritannien (1940)	5 000
Sowjetunion (1941)	3 000
Tschechoslowakei (1936) *(ohne Transitaufenthalte)*	1 500
Saargebiet (1934)	1 500
Schweden (1943)	1 500
Schweiz (1937) *(ohne Transitaufenthalte)*	300

Bücherverbrennung in Berlin, 10. Mai 1933

Nach Kriegsausbruch und der Besetzung der europäischen Aufenthaltsländer durch die Deutschen entsteht eine erneute Fluchtbewegung nach Übersee. Es liegt kaum gesichertes statistisches Material vor, wie vielen die Flucht gelang und wo überall Menschen Asyl fanden.

Die jüdische Emigration 1933–1945

Bis 1938 flohen zirka 150 000 Deutsche jüdischen Glaubens vor den nationalsozialistischen Unterdrückungsmaßnahmen, die zunehmend ihr Leben bedrohten.
Hinzu kamen nach dem 13. März 1938 („Anschluss" Österreichs) 200 000 österreichische Juden und nach dem 15. März 1939 (Annexion der Tschechoslowakei) weitere 350 000 jüdische Flüchtlinge. In der Folge führten in Zusammenarbeit mit dem NS-Staat Rumänien, Ungarn, Polen, Italien die NS-Rassengesetze ein. Die Flüchtlingssituation war so verzweifelt, dass der Präsident der USA im Sommer 1938 eine Flüchtlingskonferenz nach Evian (Frankreich) einberief, die aber ohne konkretes Hilfsprogramm und Aufnahmezusagen endete. In der Zeit vom 1. Januar 1938 bis zum Auswanderungsverbot vom 1. Oktober 1941 konnten weitere etwa 170 000 Menschen aus Deutschland flüchten, doch ist wenig über ein sicheres Asyl bekannt.

Aufnahmeländer	
Palästina	44 000
USA	27 000
Südamerika	26 150
British Empire	9 400
Afrika	7 600
andere europäische Länder	37 000

A Leb wohl, du teures Land – Momentaufnahmen

Einwanderer in Deutschland

ARBEITSANREGUNGEN

1. Sie haben bis hierher bereits unterschiedliche **Gründe für Auswanderung und Asylsuche** kennen gelernt. Meist sind wirtschaftliche, soziale, politische, zu manchen Zeiten auch religiöse Gründe eng miteinander verflochten. Stellen Sie diese Gründe in einer historisch gegliederten Tabelle zusammen und ergänzen Sie diese
    a) durch weitere Motive, die Sie sich vorstellen können, sowie
    b) durch konkrete Flüchtlings- oder Auswanderungswellen der jüngeren Geschichte, die Ihnen bekannt sind.

17. Jh.	• *Krieg* • *Religiöse Fluchtbewegung* • *...*
18. Jh.	*...*
19. Jh.	*...*
20. Jh.	*...*
Gegenwart	*...*

2. Informieren Sie sich über die aktuelle Situation von Ausländern in Deutschland.
   Sammeln Sie im Kurs Fragestellungen, die Sie nach der Arbeit an Teil A dieses Bandes interessieren, und leiten Sie gegebenenfalls mehrere Referatthemen daraus ab. Berücksichtigen Sie insbesondere auch rechtliche Aspekte (Asylverfahren, Aufenthaltsrecht, Arbeitserlaubnis o. Ä.) sowie soziale/gesellschaftliche Aspekte (Diskussion um Integration/Assimilation).
3. Verfassen Sie vor dem Horizont der im Kurs gesammelten Informationen ein Gedicht, tragen Sie einige davon im Kurs vor.

ANREGUNGEN ZUR WEITEREN ARBEITSPLANUNG

Sie haben in Teil A beispielhafte Texte für die unterschiedlichen Situationen des Heimatverlusts und des Exils kennen gelernt sowie erste Einblicke in die damit verbundenen Themen erhalten.

Heimatverlust und Exil werden in diesem Band **konkret und politisch** verstanden. Es gäbe durchaus auch die Möglichkeit, „Heimatverlust" in einem weiteren, metaphorischen Sinne zu verstehen. Dabei ließen sich auch Texte berücksichtigen, die den Verlust einer sinnstiftenden Orientierung thematisieren, wie es Texte der Romantik oder des Expressionismus häufig tun. Dies würde jedoch zu Unschärfen in der Begrifflichkeit und zu einer nicht mehr handhabbaren Fülle disparater Texte führen.

So werden hier Texte von Autorinnen und Autoren vorgestellt, die aus religiösen, wirtschaftlichen oder politischen Gründen Deutschland verließen, aber ebenso Texte von Autorinnen und Autoren, die aus diesen Gründen nach Deutschland eingewandert sind, für die Deutschland zum Fluchtland wurde.

Da Heimatverlust und Exil unmittelbare Folgen der jeweiligen historischen Situation sind, ist dieser Band chronologisch und nicht thematisch angelegt. So finden sich Texte **politisch verfolgter Autorinnen und Autoren** sowohl z. B. im Kapitel „Vormärz – Flucht und Verbannung aus Deutschland" und im Kapitel „Exil 1933–1945" als auch im Kapitel „Interkulturelle Lyrik – Schreiben in zwei Sprachen". Ebenso finden sich Gedichte von Autorinnen und Autoren, die aus **wirtschaftlichen Gründen ihr Heimatland** verließen, im Kapitel „Auswanderung nach Nordamerika im 19. Jahrhundert" und im Kapitel „Zwischen Bahnhof und Fabrik – Migration".

Kaum jemand wird den ganzen Band von vorn nach hinten am Stück durcharbeiten, was allerdings durchaus möglich ist.

Es bieten sich aber auch andere Vorgehensweisen an:
- Es können die entsprechenden Kapitel z. B. im Zusammenhang mit einer Ganzschrift der entsprechenden Epoche im Kurs gelesen werden (Kapitel B 2 „Politische und wirtschaftliche Emigration im 19. Jahrhundert", Kapitel B 3 „Exil 1933–45", Kapitel B 4 „Interkulturelle Lyrik – Schreiben in zwei Sprachen").
- Auch innerhalb der Kapitel lassen sich Schwerpunkte setzen, da jedes Kapitel einem Autor oder einer Autorin besonderen Raum widmet (Heinrich Heine im 19. Jahrhundert, Bertolt Brecht im Kapitel „Exil 1933–1945", Gino Chiellino und Dragica Rajčić im Kapitel „Interkulturelle Lyrik – Schreiben in zwei Sprachen").
- Da im Lauf der Jahrhunderte unterschiedliche Stilmittel und Vers- und Strophenformen beliebt waren, manche Elemente ganz verschwanden, andere erst im 20. Jahrhundert entstanden, ist es sinnvoll, sich nicht nur eine Epoche zu erschließen. Die Arbeit an mehreren Epochen lohnt sich auch deshalb, weil erst dann ein Einblick in die Kontinuität und die Variationsbreite der mit der Exilsituation verbundenen Themen gewonnen werden kann.

Überlegen Sie, ob Sie
- sich den Texten z. B. arbeitsteilig in Gruppen entweder durch eine **Längsschnittuntersuchung** (z. B. Migration oder Exil zu verschiedenen Zeiten) oder eine **Querschnittuntersuchung** (jede Gruppe behandelt einen bestimmten Zeitraum) nähern;
- arbeitsteilig in Gruppen **thematisch** vorgehen, indem Sie sich vorher Fragen an die Texte überlegen (z. B. Welche Rolle spielt die Fremdsprache/die Muttersprache für die Autorinnen und Autoren? Welche Haltung wird gegenüber dem Fluchtland eingenommen? ...).

Es wurde darauf geachtet, dass die jeweils epochenspezifischen Besonderheiten an den jeweiligen Texten erläutert werden und geübt werden können.

Da das Thema so vielfältig ist, möchte der C-Teil zur Weiterarbeit in unterschiedliche Richtungen anregen. Zum einen wird der bereits im B-Teil häufiger angesprochene Gedichtvergleich vertieft, zum anderen gibt es mehrere Vorschläge für eine inhaltliche Ausweitung auf andere literarische Gattungen, weitere Autoren, Möglichkeiten der Recherche etc.

B Heimatverlust und Exil

1 Des Glaubens wegen fliehen – Barock

1.1 ... aus Deutschland – „Bey dir suchen schirm und schutz"

Das 17. Jahrhundert war geprägt von religiösen Auseinandersetzungen, die schließlich im Dreißigjährigen Krieg mit Waffen ausgetragen wurden. Fehlende Religionsfreiheit und der verheerende Krieg nötigten die Menschen zur Flucht.

INFOBLOCK

EPOCHENMERKMALE: DIE LITERATUR DES BAROCK

Die nach dem Krieg sich konsolidierenden, mehr oder weniger absolutistischen Kleinstaaten benötigten zur Verwaltung der neuen stehenden Heere, zur Einführung des römischen Rechts und des Kameralsystems eine große Anzahl Beamter, die sich zumeist aus der bürgerlichen Gelehrtenschicht rekrutierten. In diesem kurzen, aber bedeutungsvollen Zeitraum boten sich diesen bürgerlichen Gelehrten vorher so nicht gekannte Aufstiegschancen. Sie sind es, die häufig aktiv den Absolutismus propagieren und diese in erster Linie **höfisch orientierte Repräsentationskunst** schaffen. Vor diesem Hintergrund sind die vielen **panegyrischen Texte** zu verstehen, die nicht nur liebedienerisches Herrscherlob sind, sondern durch die Formulierung des dem Herrscher bereits zugeschriebenen Ideals ihn auf ebendieses verpflichten. (Ursprünglich versteht man unter einem Panegyrikos eine auf einer Festversammlung, einem Volksfest gehaltene Rede zur Verherrlichung des Anlasses, dann auch auf Einzelpersonen übertragen, eine schmeichlerisch-überschwängliche Lobrede, meist zu einem bestimmten Anlass, etwa aus Dank, verfasst.)

Die Literatur dieser Zeit, die geprägt ist von den Erfahrungen des Dreißigjährigen Krieges, den Verwüstungen und den Hungersnöten, spiegelt die völlige Verunsicherung des Menschen: Nichts ist beständig, nichts ist das, was es zu sein vorgibt. In der Literatur zeigt sich diese Verunsicherung an zahllosen Versuchen, Dinge durch Umschreibungen, Vergleiche, Definitionen begrifflich zu fixieren, ihnen auf den Grund zu kommen, andererseits findet diese so festgestellte Erkenntnisunfähigkeit des Menschen Ausdruck in allen Künsten: Theatermaschinerien schaffen totale Illusion, Architekturmalerei und Stuck täuschen über die tatsächliche Beschaffenheit einer Saaldecke oder Kirchenkuppel. Die zentralen, immer wieder variierten Themen sind die des **„carpe diem"** (**„Nütze den Tag"**) und des **„memento mori"** (**„Gedenke, dass du sterben wirst"**), vorherrschender Gedanke ist das **Ordnungsstreben**. Die Aussage Martin Opitz', Poesie sei „anfangs nichts anders gewesen als eine verborgene Theologie", formuliert diesen Anspruch der Weltdeutung, der sich von einer Auffassung herleitet, die allen Dingen Verweisungscharakter auf eine ihnen zugrunde liegende Harmonie und höhere Ordnung zuspricht. So nimmt es nicht wunder, dass **Allegorie** und **Emblem** wichtige Gestaltungsmittel darstellen.

Alle erwähnten Aspekte machen die Bindung dieser Literatur an die **Rhetorik** unmittelbar einsichtig. Nicht ein „Ich" will sich mitteilen, sondern ein Redeziel will erreicht sein. Diese grundsätzliche Bedeutung der Rhetorik darf auch nicht aus dem Auge verloren werden, wenn man scheinbar persönliche Texte – wie zum Beispiel die in einer Exilsituation geschriebenen – betrachtet.

Anna Ovena Hoyers (1584–1655) entstammt einer reichen Bauernfamilie, erhielt eine für damalige Zeit ungewöhnlich gute Bildung, heiratete 1599 den Staller (= Amtmann) von Eiderstedt Hermann Hoyer und lebte bis zu dessen Tod 1622 mit ihm im herzoglichen Schloss Tönning. Schon früh sektiererischen Ansichten zuneigend, wurde sie in religiöse Streitigkeiten verwickelt, als sie den Arzt Nicolaus Teting auf ihrem Gut Hoyerswerda aufnahm, und wanderte, nachdem sie wegen finanzieller Probleme ihr Gut verkauft hatte, vermutlich 1632 nach Schweden aus, wo sie Gesinnungsgenossen fand und geduldet wurde.

Letternkreuze waren im Barock – auch als Ausdruck religiös-mystischer Frömmigkeit – sehr beliebt.

Anna Ovena Hoyers

Lob=Liedlein (1664)

Zu Ehren der Schwedischen Cronen/
Vnd allen die darunter wohnen/

Gestellt den 7 Septembris , Anno 1644 , in der
Königlichen Statt Stockholm.

Im thon :
Daphnis om en Sommmer Natt / ꝛc.

K.
S.
D.
L.
K. S. D. L. Z. L. D. S. K.
L.
D.
S.
K.

Kommet Singet Dis Liedlein Zum Lob
Der Schwedischen Königinnen.

GOTT ERHALTE DIE HOCHLÖB-
LICH KÖNIGIN AUCH DIE
HOCHEDLE REICHS HERRN.

1.
GRoßmächtigste Königin
Fräwlein Hochgeboren/
Durchleuchtigste Groß=Fürstin
10 Von Gott außerkoren/
Zu führen das Regiment/
Im Königreich Excellent;
Gott woll langes Leben
Ewer Maystät geben.

15 2.
O Ruhm=würdigs=Schweden=Reich/
Frew dich deiner Cronen;
Kein Königreich ist dir gleich
In dir ist gut wohnen;
20 Bey dir suchen schirm und schutz
Wider ihrer Feinde trutz
Frembde/ Wittwen/ Wäisen/
Hoch bistu zu preisen.

3.
25 Trewlich meynt es Gott mit dir/
Gibt dir Glück für allen/
Vnd lesst/ des sind frölich wir/
Deine Feinde fallen/
Du gewinnest Städt und Land/

30 Wirst in aller Welt bekandt/
Gott laß deine Thaten
Ihm zum Lob gerahten.

4.
Tapffer Helden und Reichs=Räth
35 Mit Weißheit geziehret
Hat Königlich Mayestät/
Alles wird regieret
Durch Sie sehr wol und löblich/
Schweden ich preiß seelig dich/
40 Auch mich/ weil ich wohne
Vnter deiner Crone.

5.
ERfrewt euch der Herrlichkeit
Vnser Königinnen;
45 Kommet her von nah und weit/
Schweden/ Lappen/ Finnen;
Ihr Frantzosen hier im Reich/
Deutschen/ Russen/ allzugleich/
Helfft diß Reich erheben
45 Drinn wir friedlich leben.

6.
HALTEt Fest/ seyt frewden voll/
Spielt lieblich auff Seyten/
Alles Volck in Schweden soll
50 Schweden Lob außbreiten/
Schweden Reich ist Lobens wert/
Schweden wird billich geehrt/
Schweden Reich florieret/
Schweden triumphieret.

55 7.
DIE HOCHLÖBLICH KÖNIGIN
Woll' der HErr bewahren
Für Vnglück/ und wie vorhin
Im Fried frölich spahren:
60 AUCH DIE HOCHEDLE REICHS HERRN;
Die des Landes Wolfart mehrn/
Zu Lob seinem Nahmen
Lang erhalten/ Amen.

M.
65 G.
M.G.E.G.M.
G.
M.

Mein Gott Erhöre Gnädig Mich.
70 Diß bitt täglich von Hertzen ich

ANNA OVENA HOYERS

Martin Opitz wurde am 23. Dezember 1597 im schlesischen Bunzlau geboren. Er genoss eine humanistische Ausbildung, studierte in Heidelberg und kam dort in Kontakt mit bedeutenden Calvinisten. Er blieb zuerst ohne feste Anstellung. 1624 erschien sein „Buch von der Deutschen Poeterey", 1625 wurde er zum „Poeta laureatus" gekrönt. 1626 trat er in den Dienst des Habsburger Statthalters und schlesischen Oberhauptmanns Karl Hannibal von Dohna, einem zum Katholizismus übergetretenen Protestanten, der die Gegenreformation unterstützte. Warum der Protestant Opitz in dessen Dienst trat, ist unklar. Als von Dohna vor den näher rückenden schwedischen Truppen 1632 floh, trat Opitz in den Dienst des schlesischen Piastenherzogs Johann Christian von Brieg. 1635 flüchtete er, da er fürchtete, dass der Kaiser seinen Abfall zur protestantischen Partei nicht unbestraft lassen würde, zusammen mit den Piastenherzögen zuerst nach Thorn und nahm dann, einer Aufforderung des polnischen Königs folgend, das Amt des königlichen Geschichtsschreibers an. Er starb am 20. August 1639 in Danzig an der Pest. Das nachfolgende Gedicht schmeichelte König Wladislaus IV. und hat wohl dazu geführt, dass Opitz in Polen Aufnahme fand.

Johann Jakob Haid (1704–1767): Martin Opitz. Schabkunstblatt, 18. Jh.

MART. OPITII
Lobgedicht

An die Königliche Majestät zu
Polen vnd Schweden.

DEr Höchste lebet ja / es wallet sein Gemüte
Noch für Barmhertzigkeit vnd Vätterlicher Güte /
Er lencket deinen Sinn / dem seiner günstig ist /
Daß er / O Vladislaw / für Krieg die Ruh erkiest /
5 Vnd Langmuth für Gedult: Die falschen Hertzen klagen /
Die guten frewen sich / daß du nicht außgeschlagen
Der Waffen Stillestand / vnd daß dein Sinn / O Heldt /
Den Frieden höher schätzt als etwas in der Welt
Das mit der Welt vergeht. die so vorhin durch Kriegen
10 Nach Einigkeit geschwebt / vnd längst begraben liegen /
Sind selbst vermuthlich froh / daß jetzund durch Verstandt
Vnd Glimpff erworben wird was ihre strenge Hand
Zuschaffen nie vermocht. Herr / dieses thun die Gaben
Darmit dich die Natur vnd Gott bereichert haben /
15 O du deß Himmels Wundsch / der Völcker Trost vnd Zier.
[Zeilen 16–181 entfallen im Auszug]
Ein Herr der Liebe sucht der muß zum ersten lieben;
Ohn diß ist jenes nie. Der gründet nur auff Sandt
Der nicht auff Liebe bawt / die als ein festes Bandt
20 Auch die Natur verknüpfft. was hält den Weltkreyß wider?
Warumb geht das Gestirn in Ordnung auff und nider?
Wie weiß der Wind sein Ziel / der Monde seine Zeit /
Das Wasser seinen Strandt? diß thut die Einigkeit /
Die Liebe die wir auch in deinen Augen sehen

B 1 Des Glaubens wegen fliehen – Barock

25 Den Zeugen deiner Trew. wer darff wol für dir flehen?
Wer sagt du habest ihm einmal zu kurtz gethan?
Du sprichst schon offtmahls ja eh als man bitten kan.
So freundlich ist dein Sinn. Wie auch die klaren Strahlen
Der Sonnen nicht nur bloß Gefild vnd Berge mahlen /
30 Nicht nur an einen Orth erstrecken ihren Schein;
So bist du gleichfalls auch: dich dünckt zu wenig seyn
Für deine Gütigkeit das Volck das du regierest /
Das dich mit Trewen meynt vnnd du mit Wolfarth zierest:
Du bist ein grosser Trost / ein Schirm vnd Zuversicht
35 Für einen jeglichen der dich vmb Schutz bespricht
Vnd sonst bedranget ist. Die Frembde zu dir kommen /
Gehn Frembde nicht hinweg: sie werden auffgenommen /
Gesetzt in Sicherheit / in Ruh vnd solchen Standt /
Daß sie bedünckt dein Reich das sey ihr Vatterland.
40 Hier mag ein jederman im Gottesdienste leben
Wie sein Gewissen weiß / mag seine Hände heben
Zu dem der euch nicht mehr vertrawet als die Welt /
Vnd seiner Ehre Recht für sich allein behält;
Zu dem der lieber vns will sonder Glauben wissen /
45 Als daß man seine Furcht auß Furchten ein soll schliessen /
Vnd nach dem Winde gehn: zu dem der Heucheley
So sehr bestraffen wird als Mord / als Tyranney /
Als Blutschuld / Sodomie / als alle solche Sünden
Dardurch man ihn vermag in Eyfer zu entzünden;
50 Zu dem der ewiglich mit dem nicht stimmen kan
Der mit dem Himmel schertzt vnd sieht die Menschen an.
[Zeilen 216–276 entfallen im Auszug]
Ach! köndte doch ein Mensch auff einer Warte stehen /
Vnd vber dieses Reich die Augen lassen gehen /
55 Was Schein / was Enderung doch würde diese Zeit
Ihm zeygen gegen der die erst war weit vnd breyt /
Da Krieg zu fürchten stund vnnd theils auch schon gewesen /
Die Stätte frewen sich / die Felder sind genesen /
Es lebet jederman (O Teutschland / möchtest du
60 Doch auch so selig seyn!) für sich in stiller Ruh.
Die reiche Weichsel kan zur See ohn Auffhalt fliessen /
Die See sich allerseits frey an ihr Vfer giessen /
Daß Vfer Wahren sehn / vnd alles lustig seyn.
Solt du / O Lust der Zeit / O König dann allein
65 Von diesen Frewden nicht auch dein Theil reichlich haben?
Deß Himmels trewe Gunst wird dich mit dem begaben /
Bey frischer Lebenszeit / was dein Gemühte liebt /
Vnd GOtt nur nehmen kan der dir es selber gibt.

ARBEITSANREGUNGEN

1. Stellen Sie fest, wie in diesen beiden Gedichten die Herrscher gesehen werden. Welche Aspekte – außer dem **Herrscherlob** – scheinen Ihnen noch von Bedeutung zu sein? Notieren Sie in Stichworten.
2. Untersuchen Sie, was **Versmaß** und **Reimstruktur** jeweils zur Wirkung beitragen.
3. Was erfahren wir über die Emigranten? Erklären Sie Ihre Beobachtungen unter Bezug auf den Infoblock
   ▷ Die Literatur des Barock, Seite 20.

1.2 ... nach Deutschland – „Ich bin ein armer Exulant"

Nachdem Protestanten in Österreich zunächst geduldet worden waren, setzten bereits um 1600 gegenreformatorische Rekatholisierungsbemühungen ein, die, ausgelöst durch Mandate, die entweder die „Anbequemung" oder das Verlassen der Heimat forderten, zu Auswanderungsbewegungen führten. Auch wenn Intensität und regionale Bedeutung wechselten und es kaum Zeiträume gab, in denen niemand auswandern musste, so sind doch drei Wellen österreichischer Exulanten zu beobachten: um 1600, in den zwanziger Jahren des 17. Jahrhunderts und noch einmal nachdem der Salzburger Fürstbischof Leopold Eleutherius Freiherr von Firminian (1679–1744) in den Jahren 1731/1732 die Protestanten zum Verlassen seines Territoriums gezwungen hatte. Die Flüchtlinge dieser zuletzt genannten Maßnahme nennt man Salzburger Exulanten. Aufnahme fanden diese Auswanderer vor allem in den freien Reichsstädten Regensburg und Nürnberg, mit denen bereits Handelsbeziehungen bestanden. Von der Auswanderung betroffen waren neben Pfarrern und Schulmeistern, die als Multiplikatoren als besonders gefährlich empfunden wurden, zuerst reiche angesehene Bürger und Kaufleute, später der landständische Adel und schließlich, in den fünfziger Jahren, auch Bauern.

> **INFOBLOCK**
>
> **EXULANTEN**
>
> „Exulant" bedeutet nichts anderes, als dass jemand als Ausgewanderter außerhalb des Vaterlands lebt. Man hat versucht, die Begriffe „Exulant" und „Emigrant" zu unterscheiden und damit Gruppen, die aus religiösen Gründen auswanderten, von Gruppen, die aus politischen Gründen auswanderten, zu trennen; ebenso schien es notwendig, zu differenzieren zwischen Menschen, die gezwungenermaßen, und Menschen, die freiwillig ihre Heimat verließen. Exulanten wie Emigranten sind aber Menschen, die sich einem Ortswechsel unterzogen haben, der prinzipiell auf Dauer angelegt ist, wobei der Begriff Exulant vorwiegend für „Glaubensflüchtlinge" verwendet wird.

Catharina Regina von Greiffenberg (1633–1694), auf dem niederösterreichischen Schloss Seisenegg geboren, aber streng lutherisch erzogen, hatte nach einem mystischen Erlebnis in ihrer Jugend ein Lebensziel: die Bekehrung Kaiser Leopolds I. zum Protestantismus. Sie litt unter der Ehe mit ihrem Onkel, die in Österreich verboten, aber durch Vermittlung einflussreicher Freunde vom jungen Markgrafen von Brandenburg-Bayreuth genehmigt worden war. Zwischen 1663 und 1665 hielt sie sich in Nürnberg auf und dann wieder ab 1680: nachdem sie bereits 1675 durch ihre Schriften am Kaiserhof Anstoß erregt hatte und sich Anfeindungen wegen ihres Glaubens ausgesetzt sah, die sich nach dem Tod ihres Mannes noch verstärkten und sie ins protestantische Nürnberg übersiedeln ließen.

Anonym: Catharina Regina von Greiffenberg. Kupferstich, 1694

Catharina Regina von Greiffenberg

Auf meinen bestürmeten Lebens-Lauff

WIe sehr der Wirbelstrom so vieler Angst und plagen
mich drähet um und um / so bistu doch mein Hort /
mein mittel punct / in dem mein Zirkel fort und fort
mein Geist halb hafften bleibt vom sturm unausgeschlagen.
    Mein Zünglein stehet stät / von Wellen fort getragen /
auf meinen Stern gericht. Mein Herz und Aug' ist dort /
es wartet schon auf mich am Ruhe-vollen Port:
dieweil muß ich mich keck in weh und See hinwagen.
    offt will der Muht / der Mast / zu tausend trümmern springen.
Bald thun die Ruder-Knecht / die sinnen / keinen Zug.
Bald kan ich keinen Wind in glaubens-Segel bringen.
    jetz hab ich / meine Uhr zu richten / keinen fug.
Dann wollen mich die Wind auf andre zufahrt dringen.
bring' an den Hafen mich / mein GOtt / es ist genug!

ARBEITSANREGUNGEN

1. Finden Sie heraus, wie hier die **Sonettform** zur inhaltlichen Strukturierung des Gedichts verwendet wird.
2. Von Greiffenberg verwendet hier die beliebte Schifffahrtsallegorie, wie deutet sie die einzelnen Elemente?
3. Barocke Gedichte sind rhetorische Texte, sie dienen einem **Redezweck** und sind keine Erlebnislyrik. Worin besteht in diesem Gedicht der Redezweck? Kann man dieses Gedicht trotz des vorher Angemerkten mit aller gebotenen Vorsicht auf die Lebenssituation der Autorin beziehen?

Catharina Regina von Greiffenberg

Auf die unverhinderliche Art der Edlen Dicht-Kunst

    Trutz / daß man mir verwehr / des Himmels milde Gaben /
den unsichtbaren Strahl / die schallend' Heimligkeit /
das Englisch Menschenwerk; das in und nach der Zeit /
wann alles aus wird seyn / allein bestand wird haben /
    das mit der Ewigkeit / wird in die wette traben /
die Geistreich wunder-Lust / der Dunkelung befreyt;
die Sonn in Mitternacht / die Strahlen von sich streut /
die man / Welt-unverwehrt / in allem Stand kan haben.
    Diß einig' ist mir frey / da ich sonst schier Leibeigen /
aus übermachter Macht des Vngelücks / muß seyn.
Es will auch hier mein Geist / in dieser Freyheit zeigen /
    was ich beginnen wurd / im fall ich mein allein:
daß ich / O Gott / dein' Ehr vor alles würd' erheben.
Gieb Freyheit mir / so will ich Ewigs Lob dir geben.

ARBEITSANREGUNGEN

1. Die Überschrift des Sonetts deutet darauf hin, dass es sich um ein **poetologisches Gedicht** handelt. Wie wird hier die Dichtkunst verstanden? Beachten Sie dabei auch die sprachliche Gestaltung: Welche Versart liegt vor? Wie verhalten sich Versstruktur und Inhalt? Siehe auch Infoblock ▷ Gedichtformern, Seite 7.
2. Welche Wendung nimmt das Gedicht in den Terzetten? Handelt es sich um ein poetologisches Gedicht?
3. Man hat behauptet, barocke Sonette hätten häufig emblematische Struktur. Trifft diese Behauptung auch für dieses Sonett zu?

Joseph Schaitberger wurde am 19. März 1658 bei Hallein (Salzburg) als jüngerer Sohn eines Bergmanns geboren. Er heiratete vermutlich 1684. Im Frühjahr 1685 wurde er wegen seiner ketzerischen Ansichten verhaftet. Am 19. April 1685 wurden den Eheleuten die beiden Töchter genommen, die sie, als sie wenige Tage später die Heimat verließen, zurücklassen mussten. Schaitberger ließ sich in Nürnberg nieder, arbeitete im Drahtzug, heiratete nach dem Tod seiner ersten Frau die Emigrantin Catherina Borchenberger aus Berchtesgaden. Am 22. Oktober 1722 wurde er in das Mendel'sche Brüderhaus aufgenommen. Die nötige Einkaufssumme in das Altersheim wurde ihm wohl von Bürgern der Stadt zur Verfügung gestellt. Er starb am 2. Oktober 1733. Bekanntheit erlangte er durch seine mehrfach aufgelegten „Sendbriefe", ein Andachtsbuch, das vor allem für die Geheimprotestanten in Österreich von Bedeutung war und bis ins 20. Jahrhundert hinein zahlreiche Auflagen erlebte.

Joseph Schaitberger
Trostlied eines Exulanten

2.
Doch weiß ich wohl, Herr Jesu mein,
Es ist dir auch so gangen.
Jetzt soll ich dein Nachfolger sein;
Mach's Herr nach dei'm Verlangen.

3.
Ein Pilgrim bin ich auch nunmehr,
Muss reisen fremde Straßen.
Drum bitt ich dich, mein Gott und Herr,
Du wollst mich nicht verlassen.

4.
Auch steh mir bei, du starker Gott!
Dir hab ich mich ergeben.
Verlass mich nicht in meiner Not.
Wenn's kosten sollt mein Leben!

5.
Den Glauben hab ich frei bekennt;
Dess darf ich mich nicht schämen,
Ob man mich einen Ketzer nennt
Und tut mir's Leben nehmen.

6.
Ketten und Band war mir ein Ehr
Um Jesu willen zu dulden;
Denn diese macht die Glaubenslehr
Und nicht mein bös Verschulden.

7.
Ob mir der Satan und die Welt
All mein Vermögen rauben,
Wenn ich nur diesen Schatz behalt:
Gott und den rechten Glauben!

8.
Herr! Wie du willst, ich geb mich drein,
Bei dir will ich verbleiben.
Ich will mich gern dem Willen dein
Geduldig unterschreiben.

9.
Muss ich gleich in das Elend fort,
So will ich mich nicht wehren.
Ich hoffe doch, Gott wird mir dort
Auch gute Freund' bescheren.

10.
Nun will ich fort in Gottes Nam;
Alles ist mir genommen.
Doch weiß ich schon: die Himmelskron
Werd ich einmal bekommen.

11.
So geh ich heut von meinem Haus;
Die Kinder muss ich lassen.
Mein Gott! das treibt mir Tränen aus
zu wandern fremde Straßen.

12.
Ach führ mich, Gott, in eine Stadt,
Wo ich dein Wort kann haben!
Damit will ich mich früh und spat
In meinem Herzen laben.

13.
Soll ich in diesem Jammertal
noch lang in Armut leben,

Gott wird mir dort im Himmelssaal
Ein' bessre Wohnung geben.

14.
Wer dieses Liedlein hat gemacht,
Der wird hier nicht genennet,
Des Papstes Lehr hat er veracht'
Und Christum frei bekennet.

Anonymus
Lied zum Adio der adeligen ausgeschafften Christen in Steier, componirt von ihresgleichen guten Freunden.
(anno 1625)

1
Adio! nun scheide in Gottes Geleite
    Von hier, o werthe Gesellschaft mein!
Den schmalen Weg zu geh'n laßt seyn für Freude,
Die heiligen Engel bei euch seyn.
        Ausführen sie euch
        Zu Gottes Reich
        Und seiner Gemein'
        Im Hause Sein.

2
Leidet ihr Spott und müsset weichen
    Denen Gewaltigen auf dieser Erd':
Zur höchsten Ehr' vor Gott wird das euch reichen,
    So ihr getreu nur erfunden werd't.
        Im Glauben rein
        Gelitten muss sein;
        Nur seid bereit
        Zu Kampf und Streit.

3
Uebt gute Ritterschaft, bewahrt den Glauben
    Und gut Gewissen; euch bitte ich.
Laßt eure Waffen den Feind nicht rauben, -
    Ohne die könnt ihr bestehen nicht.
        Seid munter und wacht!
        Das Irdisch' veracht',
        Durch Trübsal dringt,
        Nach dem Himmlischen ringt!

4
Zerstreute Schäflein, verjagt, vertrieben!
    Ihr kommt nun auf die süße Waid';
Find' ihr was Bitt'res auch, laßt's euch betrüben:
    Es dient zur Seelen Gesundheit.
        Eu'r HErr und Hirt
        Euch damit kurirt,
        Und treibet ein
        Zu andern Schäflein Sein.

Martin Engelbrecht nach Paul Decker: Joseph Schaitberger. Kupferstich, 1732

ARBEITSANREGUNGEN

1. Welche Haltung des Exulanten kommt in Joseph Schaitbergers **„Trostlied"** zum Ausdruck?
2. Schaitberger hat die Form des Liedes gewählt. Beschreiben Sie diese am Text.
3. Überlegen Sie, warum Schaitberger und der anonyme Verfasser des „Lied zum Adio" gerade diese Form gewählt haben. Erkundigen Sie sich, welche Bedeutung das Gemeindelied in der katholischen und der evangelischen Kirche hat.
4. Fallen Ihnen beim Lesen dieses Liedes alte **Kirchenlieder** ein? Vergleichen Sie diese mit Schaitbergers Lied.
5. Das „Lied zum Adio" ist, wie viele andere Exulantenlieder, anonym erschienen. Warum wollten die Verfasser anonym bleiben?

2 Politische und wirtschaftliche Emigration im 19. Jahrhundert

2.1 Exemplarisch: Adelbert von Chamisso, „Das Schloss Boncourt"

Unbekannter Künstler: Adelbert von Chamisso. Aquarell, um 1810

Adelbert von Chamisso (geboren als Louis Charles Adelaide de Chamisso de Boncourt am 30.1.1781 in Schloss Boncourt/Champagne – gestorben 21.8.1838 Berlin), Offizierssohn, stammt aus alter lothringischer Adelsfamilie, floh mit den nach Konfiskation ihres Besitzes verarmten Eltern vor der Französischen Revolution, kam 1796 nach Berlin (wo er zunächst Page der Königin Luise war). Chamisso dichtete zunächst in französischer Sprache, nach 1803 deutsch, schrieb Erzählungen, Märchen und Gedichte zwischen Spätromantik und beginnendem Realismus. Das Biedermeierliche in seinen Schriften zeigt seine „deutsche Geisteshaltung", das bekannte Kunstmärchen „Peter Schlemihl" (1813) endet aber mit der Vorstellung vom rastlosen Wanderer zwischen den Vaterländern.

INFOBLOCK

SCHRITTE ZUM VERSTEHEN EINES GEDICHTS

ARBEITSANREGUNG

Lesen Sie zuerst das Gedicht in der linken Spalte aufmerksam (halblaut). Halten Sie in Stichworten Ihren ersten Eindruck fest. Befassen Sie sich anschließend mit der vorgeschlagenen Deutung.

Adelbert von Chamisso
Das Schloss Boncourt (1827)

	Deutungsvorschläge
Ich träum als Kind mich zurücke,	Wie wird das Thema entfaltet?
Und schüttle mein greises Haupt;	Tagtraum eines alten Menschen von der Kindheit
Wie sucht ihr mich heim, ihr Bilder,	Verwunderung, vielleicht auch Beunruhigung darüber, dass
Die lang ich vergessen geglaubt?	sich nach so langer Zeit plötzlich Erinnerungen aufdrängen

B 2 Politische und wirtschaftliche Emigration im 19. Jahrhundert

5 Hoch ragt aus schatt'gen Gehegen
   Ein schimmerndes Schloss hervor,
Ich kenne die Türme, die Zinnen,
   Die steinerne Brücke, das Tor.

Das erste Bild: Ein (unbest. Artikel!) Schloss (Märchen?)
Erkennen im allmählichen Näherkommen, die Silhouette, der Zugang (alles mit bestimmten Artikeln); das Ich sieht sich selbst wie in einem Film auf das von ihm wiedererkannte Schloss zugehen, hält am Tor inne, wo vermutlich über dem Tor das von Löwen gehaltene Wappen hängt.

Es schauen vom Wappenschilde
10 Die Löwen so traulich mich an,
Ich grüße die alten Bekannten,
   Und eile den Burghof hinan.

Der Heimkehrer fühlt sich zu Hause:
traulich = vertraut, geht, ohne zu zögern, in den Burghof.

Dort liegt die Sphinx am Brunnen,
   Dort grünet der Feigenbaum,
15 Dort, hinter diesen Fenstern,
   Verträumt ich den ersten Traum.

Freudiges und fast aufgeregtes Wiedererkennen (Anapher: dreimal „dort"!) und Erinnerung an einen schönen Traum: Hier also hat der Sprecher gewohnt, in „verträumt" klingt aber auch ein Versäumen und Bedauern darüber an.

Ich tret in die Burgkapelle
   Und suche des Ahnherrn Grab,
Dort ist's, dort hängt vom Pfeiler
20 Das alte Gewaffen herab.

Der Weg ist nunmehr zielgerichtet:
Die Suche gilt dem Vorfahren – wiederum zeigt sich die Erregung des Rückkehrers in zweimaligem „dort"!
Das Grab wird „identifiziert" durch das Gewaffen = das Wappen,

Noch lesen umflort die Augen
   Die Züge der Inschrift nicht,
Wie hell durch die bunten Scheiben
   das Licht darüber auch bricht.

aber er kann die Inschrift (noch) nicht lesen, obwohl genügend Licht hereinkommt, denn seine Augen sind „umflort"; offenbar stehen ihm vor Rührung die Tränen in den Augen.

25 So stehst du, o Schloss meiner Väter,
   Mir treu und fest in dem Sinn,
Und bist von der Erde verschwunden,
   Der Pflug geht über dich hin.

Damit endet der Tagtraum und das Ich kommt zu einer Art Schlussansprache an den Ort der Kindheit, der ihm ganz gegenwärtig ist – umso überraschender ist die nächste Zeile (die einfach mit „Und" beginnt und die Anrede fortsetzt), nämlich dass dieses Schloss in Wirklichkeit nicht mehr existiert und dort Ackerland ist.

30 Sei fruchtbar, o teurer Boden,
   Ich segne dich mild und gerührt,
Und segn' ihn zwiefach, wer immer
   Den Pflug nun über dich führt.

Eigentlich würde man jetzt eine Klage erwarten. Der Sprecher überrascht erneut, indem er diesem Land und seinem neuen Nutzer nicht flucht, sondern einen feierlichen Segen spricht.

Ich aber will auf mich raffen,
35 Mein Saitenspiel in der Hand,
Die Weiten der Erde durchschweifen,
   Und singen von Land zu Land.

Er wendet sich der Zukunft zu, weil die alte Heimat nicht mehr existiert, so will er eine romantische Wanderschaft (Saitenspiel!) beginnen – das ist aber keine Flucht – und „singen" – vielleicht die Lieder der Erinnerung, der Kindheit ...!

Beobachtungen zur Form

Jeder Vers hat drei Hebungen, durch den Auftakt und die daktylische Füllung vieler Takte entsteht ein fließender Eindruck.

Große Regelmäßigkeit im Strophenbau, die Metrik erinnert an Volkslieder oder „volkstümliche" Lieddichtung.

Anders als im Lied reimen nur der zweite und der vierte Vers jeder Strophe, man könnte auch jeweils Vers 1 und 2 zusammenlesen und würde sich wiederum dem epischen Erzählton nähern.

Diese epische Wirkung wird unterstrichen dadurch, dass es sich eigentlich um Langverse handelt.

Abweichungen vom Metrum:
Versbeginn mit zwei betonten Silben:
2 V. 1, 4 V. 1, 2, 3 und 5 V. 3 (Anapher „Dort!"
in Spitzenstellung)
9 V.1 <u>Ich</u> aber will auf mich raffen

Die aus der Form abgeleitete Vorstellung, dass jemand in Liedform seine Geschichte vorträgt, spiegelt sich im Inhalt der letzten Strophe.

Der rhythmische Wechsel bringt die Aufregung zum Ausdruck.

Das lyrische Ich wendet sich betont von der Erinnerung ab und seinem Jetzt zu.

Äußere und innere Struktur:
Zwei Verse bilden jeweils eine geschlossene Aussage, diese Zweiteilung der Strophen unterstreicht auch die gedanklichen Gegensätze (Schlüsselwörter).

(Strophe 7)
So stehst du, o Schloss meiner Väter,
   Mir treu und fest in dem **Sinn**,
Und bist von der **Erde** verschwunden,
   Der Pflug geht über dich hin.

Die Beobachtungen zusammenführen

Die Erkenntnis, dass die Heimat unwiederbringlich verschwunden ist, führt das lyrische Ich dazu, dass es sich von der Vergangenheit löst, die auch im Traum nicht festgehalten werden kann („umflort"), den Zustand als Wirklichkeit annimmt und sich der Zukunft zuwendet. Was nicht mehr konkret auf der Erde zu finden ist, das ist im Sinn, im Geistigen aufgehoben.

Das Schloss Boncourt wird in der Geschichte zum Acker und steht in der Kunst wieder auf.
Das lyrische Ich will als Künstler leben: Die Kunst ersetzt (und bedeutet ihm künftig) die Heimat, weshalb er auch nicht mehr an einen Ort gebunden ist. Die Idee vom romantischen Sänger kommt zum Ausdruck in der Form und im Ton des Liedes.

Biografisches
Der Verlust des heimatlichen Schlosses und das Künstlertum des Verfassers sind zwar als Parallelen greifbar, tragen aber nicht zu einem tieferen Verständnis des Gedichtes bei.

2.2 Vormärz – Flucht und Verbannung aus Deutschland

Nach der Julirevolution (Paris 1830) schlossen sich in Deutschland in der Nachfolge von Ludwig Börne und Heinrich Heine einige liberal-revolutionäre Schriftsteller zusammen, um Literatur und Leben zu verbinden und die Literatur zu politisieren. Sie traten ein für die Freiheit des Geistes und des Wortes, für die Emanzipation des Individuums, der Frauen, der Juden und nicht zuletzt für Verfassung und Demokratie. In Anlehnung an andere europäische Aufbruchbewegungen war bald der Name „Junges Deutschland" geboren. Der Staat (Deutscher Bund) fasste die eigentlich lose Verbindung als politische Partei auf und verbot Kreis und Schriften des „Jungen Deutschland" 1835 durch den Bundestag – unter Voranstellung des Namens Heine. Dies führte zu unterschiedlichen Ausweichmanövern der betroffenen Autoren. Manche traten den Rückzug in die unpolitische Prosa an, andere nutzten die Möglichkeiten der Schweizer Emigrantenverlage. Allein Julius Fröbels „Literarisches Comptoir" in Zürich lieferte von 1840 bis 1845 mehr als hundert verbotene Titel aus und sorgte für den Schmuggel über die Grenze.

INFOBLOCK

Joachim Bark

Epochenmerkmale: Die Lyrik des Vormärz – Bekenntnis, Aufruf und Pamphlet (1984)

In dieser Zeit der Gärung verlor die Literatur ihre Ersatzfunktion für verhinderte politische Aktivität und wurde selbst zu einem Politikum. Die Lyrik übernahm (nach 1840) jene Aufgabe, die in den 1830er Jahren die jungdeutsche Publizistik versucht hatte wahrzunehmen, nämlich Mittel im politischen Emanzipationskampf zu sein. Die Popularität von Lyrik überhaupt, die rasche Verbreitung, vor allem auch Nachdrucke auf Flugblättern, und die Sangbarkeit machten die Gedichte von Georg Herwegh, Ferdinand Freiligrath, Hoffmann von Fallersleben, Heinrich Heine und anderen zu Waffen der Agitation. Diese enthusiastisch-programmatische Lyrik kam um 1845/46 zu einem abrupten Ende, verbraucht, da ergebnislos.

Wichtige Autoren:
Ferdinand Freiligrath: Ein Glaubensbekenntnis (1844); Ça ira (1846)
Georg Herwegh: Gedichte eines Lebendigen (1. Teil 1841, 2. Teil 1843)
Hoffmann von Fallersleben: Unpolitische Lieder (1840)
Georg Weerth: Lieder aus Lancashire (1845)

„Vive la république!" – Georg Herwegh

Georg Herwegh gehörte wie Hoffmann von Fallersleben, Freiligrath, Weerth zu den prominenten Vertretern der engagierten, politischen Lyrik der 1840er Jahre, deren Gedichte in Deutschland eine erstaunliche Resonanz fanden. Umgekehrt sahen sich wegen dieser „Resonanz" die einzelnen Schriftsteller genötigt, ins Ausland zu gehen, denn die Schärfe ihrer politischen und sozialen Schriften war nur vom Exil aus formulierbar. Die Bedingungen des Exils waren für den Einzelnen sehr unterschiedlich, bei meist schlechten materiellen Bedingungen fanden sie unter Gleichgesinnten freundliche Aufnahme. Vor allem die Schweiz war in den ersten Jahrzehnten des 19. Jahrhunderts zum Zufluchtsort zahlreicher von der deutschen Reaktion verfolgter Patrioten geworden.

Der Gastwirtssohn Georg Herwegh musste wegen politischer Äußerungen 1837 sein Theologiestudium abbrechen. Der Zwangsrekrutierung durch die württembergischen Militärbehörden entzog er sich 1939 durch Flucht in die Schweiz. 1841 erschienen (anonym) in dem Exilverlag das „Literarische Comptoir" die „Gedichte eines Lebendigen", die in Deutschland – trotz Verbots – zum Bestseller wurden (20 000 Exemplare in zwei Jahren). Im September 1842 reiste er auf einer Werbetournee für ein neues Journal, den „Deutschen Boten aus der Schweiz," durch die deutschen Staaten. Er wurde sogar von Friedrich Wilhelm IV. empfangen, aber anschließend wegen seiner Äußerungen aus Preußen ausgewiesen und die Zeitschrift wurde verboten. Nach seiner Rückkehr in die Schweiz, die ihm Asyl gewährte, heiratete er 1843 die Berliner Bankierstochter Emma Siegmund; die Einbürgerung in die Schweiz brachte ihm Sicherheit und mehr politische Freiheit.

Veröffentlichung von „21 Bogen aus der Schweiz". („21 Bogen" spielt auf die Zensurgesetze an: Schriften, die bis zu 20 Druckbögen umfassten, unterlagen der strengen Zensur. Viele Exilschriftsteller umgingen diese Vorschrift durch Aufblähung ihrer Publikationen oder durch größeren Druck. Umgekehrt ging die Zensurbehörde davon aus, dass längere Publikationen ungefährlicher seien, weil sie nicht gelesen würden.)

1843 Aufenthalt in Paris, Bekanntschaft mit Heine und Marx.
1848 wurde er Präsident der „Deutschen Demokratischen Gesellschaft" und Anführer der „Deutschen demokratischen Legion" beim badischen Aufstand. Der „Herwegh-Zug" wurde aber am 27. 3. vom 6. Württembergischen Regiment umstellt und aufgerieben. Herwegh floh mit seiner Frau in die Schweiz.
1866 Ehrenkorrespondent der Internationalen Arbeiterassoziation. 1869 trat er am Tag ihrer Gründung in die „Sozialdemokratische Arbeiterpartei" ein. Nach der Amnestie von 1866 kehrte Herwegh nach Deutschland zurück. Seine politischen Hoffnungen wurden durch den Sieg der Reaktion über Frankreich zunichtegemacht.

Georg Herwegh
Gedichte eines Lebendigen (1841)

Heimweh

O Land, das mich so gastlich aufgenommen,
O rebenlaubumkränzter, stolzer Fluss –
Kaum bin ich eurer Schwelle nah gekommen,
Klingt schon mein Gruß herb wie ein Scheidegruß.
5 Was soll dem Auge eure Schönheit frommen,
Wenn diese arme Seele betteln muss?
Er ist so kalt, der fremde Sonnenschein;
Ich möchte, ja ich möcht zu Hause sein!

Die Schwalben seh ich schon im stillen Flug
10 Die Häuser – nur das meine nicht – umschweben;
O warme Luft, und doch nicht warm genug,
Verpflanzte Blumen wieder zu beleben!
Der Baum, der seine jungen Sprossen schlug,
Was wird dem Fremdling er im Herbste geben?
15 Vielleicht ein Kreuz und einen Totenschrein –
Mich friert, mich friert! ich möcht zu Hause sein! –

Anonym: Georg Herwegh. Kupferstich, 19. Jh.

ARBEITSANREGUNGEN

1. In der Romantik erlebte sich der Dichter in vollkommener Harmonie mit der Natur. Beschreiben Sie, wie in diesem Gedicht das **lyrische Ich** seinen Schmerz zur Natur in Beziehung setzt.

Naturbild	Empfindung
Baum	…
…	

2. Untersuchen Sie den Zusammenhang zwischen **Syntax**, **Vers- und Strophenform** und **Gliederung der Aussage**.
3. Nehmen Sie Stellung zur These: Der Heimatverlust führt zur Entfremdung des Ich. Setzen Sie den Gedanken fort.

Georg Herwegh
Aus den Bergen

Jeder Mensch hat seinen Stern,
    Jeder Hofrat seinen;
Jeder Pudel seinen Kern:
    Lasst auch mir den meinen!
5 Ward mir leider nicht zuteil,
    Dass ich euch ergötze,
Aber denkt: ich bin ein Keil,
    Weil ihr grobe Klötze.

Ja – ich habe kein Gemüt
10   Für der Mägdlein Wangen,
Für die Blümchen, die verblüht,
    Eh sie aufgegangen;
Ja, ich bin ein schlechter Held
    Wider Türk und Franken,
15 Mache selbst um jene Welt
    Mir nicht viel Gedanken.

Ich gehöre zum Verband
    Aller großen Toren.
Heil! wenn unser Vaterland
20   Den Verstand verloren!
Wenn's einmal, ein Löwe noch,
    Seine Mähne schüttelt,
Und im altgewohnten Joch
    Der Philister rüttelt!

25 Alle Herzen, stolz und heiß,
    Müssen dort verbluten;
Darum in dies Gletschereis
    Flücht ich meine Gluten:
Droben an des Gießbachs Strand,
30   An des silberhellen,
Jauchz ich, dass im flachen Land
    Euch die Ohren gellen.

Was ihr nur mit Schmach und Tod
    Wisset zu befehden,
35 Trunken vor dem Morgenrot
    Darf ich's jetzo reden,
Rufen in den goldnen Tag
    Tief aus Herz und Kehle:
Raum, ihr Herrn, dem Flügelschlag
40   *Einer freien Seele!*

Wo mit unbezähmter Lust
    Ob den letzten Hütten
Dürre Felsen aus der Brust
    Ewige Ströme schütten;
45 Wo in ungezügeltem Lauf
    Noch die Wasser tosen,
Lad ich *meine* Waren auf:
    Wilde, wilde Rosen!

Habt da draußen manchen Tropf,
50   Der mag vor euch zagen;
Ich will trotzig meinen Kopf,
    Wie die Berge, tragen.
O wie winzig dünken mich
    Eure Siebensachen!
55 Wer die Blitze unter sich,
    Kann auch eurer lachen.

Anonym: Barrikade an der Neuen Königsstraße in Berlin am 19. März 1848

B Heimatverlust und Exil

INFOBLOCK

POLITISCHE LYRIK

Politische Gedichte sind zeitgebunden. Folgende Merkmale sind charakteristisch:
- Sie haben vorwiegend kommunikative, weniger ästhetische Funktion.
- Sie haben eine bestimmte Situation zum Anlass und verfolgen ein bestimmtes Ziel. Dem dient der Einsatz wirkungsvoller rhetorischer Mittel.
- Sie sind eher einfach im Aufbau, eingängig mit Parolen, Refrain, Reimen.
- Sie wollen verständlich sein, aber verständlich für ein bestimmtes Publikum, das aufgeschlossen ist für eine Botschaft und sie auch entschlüsseln kann.
- Sie enthalten zwar Ich-Aussagen, aber keine privaten Botschaften.
- Sie wollen aufklären, agitieren, anklagen, zum Nachdenken auffordern, Veränderungen bewirken.
- Sie richten sich an die, die sie anklagen, wollen sie provozieren, kritisieren, bloßstellen und
- an die, von denen sie Zustimmung erwarten und auf die sie hoffen.

Georg Herwegh
Vive la république!

Beim Alpenglühen gedichtet

Berg an Berg und Brand an Brand
   Lodern hier zusammen;
Welch ein Glühen! – ha! so stand
5   Ilion einst in Flammen.
Ein versinkend Königshaus
   Raucht vor meinem Blicke,
Und ich ruf ins Land hinaus:
   Vive la république.

10 Heilge Gluten, reiner Schnee,
   Golden Freiheitskissen,
Abendglanzumstrahlter See,
   Schluchten, wild zerrissen –
Dass im Schweizerlandrevier
15   Sich kein Nacken bücke!
Kaiser ist der Bürger hier;
   Vive la république!

Eine Phalanx stehet fest,
   Fest und ohne Wanken,
20 Und an euren Alpen messt
   Euere Gedanken!
Eurer Berge Kette nur
   Ward euch vom Geschicke;
Auf die Kette schrieb Natur:
25   Vive la république!

Blumen um die Schläfe her
   Steigen eure Höhen,
Frisch, wie Venus aus dem Meer,
   Auf aus euren Seen;
30 Dass aus deinem Jungfernkranz
   Man kein Röschen knicke,
Schweizerin, hüt ihn wohl beim Tanz!
   Vive la république!

Auf die Felsen wollte Gott
35   Seine Kirche bauen;
Vor den Felsen soll dem Spott
   Seiner Feinde grauen!
Zwischen hier und zwischen dort
   Gibt's nur eine Brücke:
40 Freiheit, o du Felsenwort!
   Vive la république!

ARBEITSANREGUNG

Interpretieren Sie eines von Herweghs Gedichten auf den Seiten 32–34 als „Politische Lyrik".

„Ich hatte einst ein schönes Vaterland" – Heinrich Heine

Heinrich Heine (13.12.1797 Düsseldorf – 17.2.1856 Paris) war Sohn eines Tuchwarenhändlers aus Düsseldorf. Er sollte nach den Vorstellungen des Familienclans Kaufmann werden, wofür er weder Neigung noch Talent besaß. Neben dem Jurastudium hörte er Philosophie und Literatur, (E. M. Arndt, A. W. Schlegel, G. W. F. Hegel). In Berlin gehörte er zum Kreis um Rahel Varnhagen. 1825 ließ er sich taufen, was weniger ein überzeugter Wechsel vom Judentum zum Christentum als vielmehr ein Zeichen dafür war, dass er sich dem modernen europäischen Geist zugehörig fühlte.

Nach dem Erfolg seiner Gedichte („Buch der Lieder", erschienen 1827) und Reiseskizzen lebte er als freier Schriftsteller und Journalist (Mitredakteur von Cottas „Neuen allgemeinen politischen Annalen" und von Paris aus Korrespondent der Augsburger „Allgemeinen Zeitung").

Heine führte lebenslang den Kampf „gegen die alte Gesellschaft und alle ihre dunklen Vorurteile". Er führte ihn als Schriftsteller, nicht als Revolutionär, als Einzelner, nicht als Mitglied einer revolutionären Partei.

Michael Matthias Prechtl (1926–2003): Heinrich Heine, Loreley und Liberté. Aquarell, 1984

Klaus Briegleb im „Lexikon linker Leitfiguren": „Seine Schreibweise: schonungslos gegen ‚all diejenigen, die auf Kosten des Volkes leben', und oft hemmungslos sowohl in seinem Spott gegen jeglichen ‚weichen' Liberalismus als auch in der Mitteilung über sich selber, der als ‚Narr' der *alten* Gesellschaft zu wissen glaubte, dass eine *neue* nur entsteht, wenn alles, was von Ausbeutung und Knechtung im sozialen Leben und in der Kultur noch existiert, ‚jetzt vollends vernichtet' werde. Diese Schreibweise setzte am Höhepunkt seiner Wirkung in Deutschland einen staatlichen und journalistischen Ausbürgerungsfeldzug gegen Heine in Gang, der den ‚Freund der Franzosen' eben dorthin auch weghaben wollte, wohin er selber strebte: nach Paris (ins Exil)."

Das Totalverbot seiner jüngsten Schriften 1831 veranlasste ihn zur Ausreise. Durch seine Geburtsstadt und sein Geburtsjahr kam er in den Genuss einer französischen Verordnung, die ihm das lebenslange Aufenthaltsrecht in Frankreich gewährte. Dies war die berufliche und existentielle Rettung vor dem bald verfügten deutschen Schreibverbot (1835/1836) und der später geforderten Auslieferung 1844. Heine blieb, von zwei kurzen Besuchen in Deutschland abgesehen, ein Leben lang in Paris. Er starb resigniert wegen der gescheiterten Hoffnungen „auf eine wirkliche, die Lebensquellen dieser Erde allen Menschen wieder öffnende Revolution".

B Heimatverlust und Exil

> **INFOBLOCK**
>
> **Wichtige Werke Heinrich Heines:**
> Buch der Lieder (1827)
> Neue Gedichte (1844)
>
> Deutschland. Ein Wintermärchen (1844)
> Atta Troll (1847)
> Romanzero (1851)

In den folgenden Gedichten thematisiert Heine seine Beziehung zu Deutschland.
Besonders deutlich äußert er sich über dieses Thema in seiner Dichtung „Deutschland. Ein Wintermärchen". Studieren Sie zur Einführung die dazugehörige Vorrede vom 17. September 1844.

Heinrich Heine

In der Fremde (1833)

I
Es treibt dich fort von Ort zu Ort,
Du weißt nicht mal warum;
Im Winde klingt ein sanftes Wort,
Schaust dich verwundert um.

5 Die Liebe, die dahinten blieb,
Sie ruft dich sanft zurück:
O komm zurück, ich hab dich lieb,
Du bist mein einzges Glück!

Doch weiter, weiter, sonder Rast,
10 Du darfst nicht stille stehn;
Was du so sehr geliebet hast,
Sollst du nicht wiedersehn.

II
Du bist ja heut so grambefangen,
Wie ich dich lange nicht geschaut!
15 Es perlet still von deinen Wangen,
Und deine Seufzer werden laut.

Denkst du der Heimat, die so ferne,
So nebelferne dir verschwand?
Gestehe mirs, du wärest gerne
20 Manchmal im teuren Vaterland.

Denkst du der Dame, die so niedlich
Mit kleinem Zürnen dich ergötzt?
Oft zürntest du, dann ward sie friedlich,
Und immer lachtet ihr zuletzt.

25 Denkst du der Freunde, die da sanken
An deine Brust, in großer Stund?
Im Herzen stürmten die Gedanken,
Jedoch verschwiegen blieb der Mund.

Denkst du der Mutter und der Schwester?
30 Mit beiden standest du ja gut.
Ich glaube gar, es schmilzt, mein Bester,
In deiner Brust der wilde Mut!

Denkst du der Vögel und der Bäume
Des schönen Gartens, wo du oft
35 Geträumt der Liebe junge Träume,
Wo du gezagt, wo du gehofft?

Es ist schon spät. Die Nacht ist helle,
Trübhell gefärbt vom feuchten Schnee.
Ankleiden muss ich mich nun schnelle
40 Und in Gesellschaft gehn. O weh!

III
Ich hatte einst ein schönes Vaterland.
Der Eichenbaum
Wuchs dort so hoch, die Veilchen nickten
    sanft.
Es war ein Traum.

45 Das küsste mich auf Deutsch, und sprach auf
    Deutsch
(Man glaubt es kaum
Wie gut es klang) das Wort: ›ich liebe dich!‹
Es war ein Traum.

> **ARBEITSANREGUNGEN**
>
> 1. Geben Sie jedem der drei Gedichte eine Überschrift.
> 2. Untersuchen Sie die Pronominalstruktur: Wer spricht? An wen wendet sich der Sprecher?
> 3. Beschreiben Sie die metrischen Schemata und setzen Sie diese in Beziehung zum Inhalt.

INFOBLOCK

EPOCHENMERKMALE: HEINES LYRIK

Heine teilte zwar die Anliegen der Freiheitsdichter, doch hatte er wenig Sinn für die Funktionalisierung der Poesie für politische Zwecke. Seine Dichtung lebt von der Spannung zwischen Ästhetik (also zweckfreier Kunst) und zeitkritischer Aussage („Tendenzliteratur"), zwischen Poesie des Herzens und Prosa der Verhältnisse. Er hält auch in seiner politischen Lyrik an dem Kunstanspruch des Dichters fest. Kunstfreiheit und Kunstgenuss sind für ihn auch in den 1840er Jahren Zeichen der gesellschaftlichen Freiheit.

Damit gerät er ins Kreuzfeuer der Kritik: Die Revolutionäre werfen ihm mangelnden Einsatz für die gemeinsame Sache vor, die Nationalkonservativen Verrat am Vaterland. Der Streit um die Anerkennung Heines erreicht seinen Tiefpunkt durch die Antisemiten und reicht weit ins 20. Jahrhundert hinein.

Heine hat in seinen späten Gedichten dem Exil bleibenden Ausdruck verliehen: „Denk ich an Deutschland in der Nacht …", „Ich hatte einst ein schönes Vaterland …" und viele andere Verse tauchen in den Exilgedichten späterer Dichter und Autorinnen als Zitate auf (z. B. Mascha Kaléko, Wolf Biermann). Heines Dichtung spricht noch heute mit ihrer Leichtigkeit, ihrem Witz, ihren Pointen und ironischen Wendungen den Leser unmittelbar an.

Heinrich Heine
Anno 1839

O, Deutschland, meine ferne Liebe,
Gedenk ich deiner, wein ich fast!
Das muntre Frankreich scheint mir trübe,
Das leichte Volk wird mir zur Last.

5 Nur der Verstand, so kalt und trocken,
Herrscht in dem witzigen Paris –
O, Narrheitsglöcklein, Glaubensglocken,
Wie klingelt ihr daheim so süß!

Höfliche Männer! Doch verdrossen
10 Geb ich den artgen Gruß zurück. –
Die Grobheit, die ich einst genossen
Im Vaterland, das war mein Glück!

Lächelnde Weiber! Plappern immer,
Wie Mühlenräder stets bewegt!
15 Da lob ich Deutschlands Frauenzimmer,
Das schweigend sich zu Bette legt.

Und alles dreht sich hier im Kreise,
Mit Ungestüm, wie 'n toller Traum!
Bei uns bleibt alles hübsch im Gleise,
20 Wie angenagelt, rührt sich kaum.

Mir ist, als hört ich fern erklingen
Nachtwächterhörner, sanft und traut;
Nachtwächterlieder hör ich singen,
Dazwischen Nachtigallenlaut.

25 Dem Dichter war so wohl daheime,
In Schildas teurem Eichenhain!
Dort wob ich meine zarten Reime
Aus Veilchenduft und Mondenschein.

ARBEITSANREGUNGEN

1. Beschreiben Sie die Gegenüberstellung von Frankreich und Deutschland in Inhalt und Form des Gedichts.
2. Der Blick auf Deutschland ist sicherlich ironisch. Mit welchen Mitteln wird diese **ironische Wirkung** erzeugt?

Heinrich Heine
Lebensfahrt (1843)

Ein Lachen und Singen! Es blitzen und gaukeln
Die Sonnenlichter. Die Wellen schaukeln
Den lustigen Kahn. Ich saß darin
Mit lieben Freunden und leichtem Sinn.

5 Der Kahn zerbrach in eitel Trümmer,
Die Freunde waren schlechte Schwimmer,
Sie gingen unter, im Vaterland;
Mich warf der Sturm an den Seinestrand.

Ich hab ein neues Schiff bestiegen,
10 Mit neuen Genossen; es wogen und wiegen
Die fremden Fluten mich hin und her –
Wie fern die Heimat! mein Herz wie schwer!

Und das ist wieder ein Singen und Lachen –
Es pfeift der Wind, die Planken krachen –
15 Am Himmel erlischt der letzte Stern –
Wie schwer mein Herz! die Heimat wie fern!

ARBEITSANREGUNGEN

1. Arbeiten Sie den **Zusammenklang** von Rhythmus und Reim, inhaltlicher Aussage, Tonlage und Stimmung heraus.
2. Halten Sie in Stichworten fest: Wie wird die **Allegorie** der Schifffahrt ausgestaltet? Wie lassen sich die Elemente dieser Allegorie deuten?

Heinrich Heine
Jetzt wohin? (1830)

Jetzt wohin? Der dumme Fuß
Will mich gern nach Deutschland tragen;
Doch es schüttelt klug das Haupt
mein Verstand und scheint zu sagen:

5 Zwar beendigt ist der Krieg,
Doch die Kriegsgerichte blieben,
Und es heißt, du habest einst
Viel Erschießliches geschrieben.

Das ist wahr, unangenehm
10 Wär mir das Erschossenwerden;
Bin kein Held, es fehlen mir
Die pathetischen Gebärden.

Gern würd ich nach England gehn,
Wären dort nicht Kohlendämpfe
15 Und Engländer – schon ihr Duft
Gibt Erbrechen mir und Krämpfe.

Manchmal kommt mir in den Sinn,
Nach Amerika zu segeln,
Nach dem großen Freiheitstall,
20 Der bewohnt von Gleichheitsflegeln –

Doch es ängstigt mich ein Land,
Wo die Menschen Tabak käuen,
Wo sie ohne König kegeln,
Wo sie ohne Spucknapf speien.

25 Russland, dieses schöne Reich,
Würde mir vielleicht behagen,
Doch im Winter könnte ich
Dort die Knute nicht ertragen.

Traurig schau ich in die Höh,
30 Wo viel tausend Sterne nicken –
Aber meinen eignen Stern
Kann ich nirgends dort erblicken.

Hat im güldnen Labyrinth
Sich vielleicht verirrt am Himmel,
35 Wie ich selber mich verirrt
In dem irdischen Getümmel. –

ARBEITSANREGUNG

In diesem Gedicht kommt die verzweifelte Situation der Heimatlosigkeit zum Ausdruck: Finden Sie eine angemessene **Vortragsweise**.

Heinrich Heine
Enfant perdu (1851)

Ursprünglicher Titel: „Verlorene Schildwacht"

Verlorner Posten in dem Freiheitskriege,
Hielt ich seit dreißig Jahren treulich aus.
Ich kämpfte ohne Hoffnung, dass ich siege,
Ich wusste, nie komm ich gesund nach Haus.

5 Ich wachte Tag und Nacht. – Ich konnt nicht schlafen,
Wie in dem Lagerzelt der Freunde Schar –
(Auch hielt das laute Schnarchen dieser Braven
Mich wach, wenn ich ein bisschen schlummrig war).

In jenen Nächten hat Langweil ergriffen
10 Mich oft, auch Furcht – (nur Narren fürchten nichts) –
Sie zu verscheuchen, hab ich dann gepfiffen
Die frechen Reime eines Spottgedichts.

Ja, wachsam stand ich, das Gewehr im Arme,
Und nahte irgendein verdächtger Gauch[1],
15 So schoss ich gut und jagt ihm eine warme,
Brühwarme Kugel in den schnöden Bauch.

Mitunter freilich mocht es sich ereignen,
Dass solch ein schlechter Gauch gleichfalls sehr gut
Zu schießen wusste – ach, ich kanns nicht leugnen –
20 Die Wunden klaffen – es verströmt mein Blut.

Ein Posten ist vakant! – Die Wunden klaffen –
Der eine fällt, die andern rücken nach –
Doch fall ich unbesiegt, und meine Waffen
Sind nicht gebrochen – Nur mein Herze brach.

1 **Gauch** = Narr, Dummkopf

ARBEITSANREGUNG

Ziehen Sie eine Biografie Heines heran und versuchen Sie vor diesem Hintergrund eine **Interpretation** des Gedichts als persönliches und politisches Bekenntnis.

INFOBLOCK

INTERPRETATIONSHILFEN ZU HEINE

Heines Gedichte wurzeln in der Romantik und sind zugleich eine Auseinandersetzung mit der Romantik, er benutzt romantische Formen und Bilder manchmal so „echt", als hätte er einen romantischen Doppelgänger, von dem er sich nur schwer losreißen kann.

Romantische Wunschbilder	Entlarvung als Klischee
Fantastische Bilder	Übertreibung („Es verströmt mein Blut"; „mein Herze brach") Kombination romantischer und banaler Bilder, Adjektive etc. („eine warme, brühwarme Kugel", „sterbeblässlich"), Dissonanzen
Träume Fließender Übergang zwischen Traum und Wirklichkeit	Abrupte Brüche, plötzliches Erwachen und Konfrontation mit der Wirklichkeit
Sentimentale Erinnerung und Verklärung Harmonische Einheitlichkeit	Entlarvung durch ernüchternde „Bemerkungen", lapidaren Tonfall („die Freunde waren schlechte Schwimmer"), Stilbrüche, banale Reime („Hemde – Fremde"), befreiende Witze („da lob ich Deutschlands Frauenzimmer, das schweigend sich zu Bette legt") Reihung von Erhabenem und Banalem („deutsche Treue, deutsche Hemde ...")
Die biedermeierliche Welt aus friedvoller Natur und sorglosen und fleißigen Menschen	wird in ironisch-kritischer Beleuchtung gezeigt
Volkslied	„absichtsvoll falsches Volkslied" durch Überzeichnung aller Elemente des Genres

Heinrich Heine
Sterbende (1853)

Flogest aus nach Sonn und Glück,
Nackt und schlecht kommst du zurück.
Deutsche Treue, deutsche Hemde,
Die verschleißt man in der Fremde.

Siehst sehr sterbeblässlich aus,
Doch getrost, du bist zu Haus.
Warm wie an dem Flackerherde
Liegt man in der deutschen Erde.

Mancher leider wurde lahm
Und nicht mehr nach Hause kam –
Streckt verlangend aus die Arme,
Dass der Herr sich sein erbarme!

Heinrich Heine
Wo? (1839/40)

Wo wird einst des Wandermüden
Letzte Ruhestätte sein?
Unter Palmen in dem Süden?
Unter Linden an dem Rhein?

Werd ich wo in einer Wüste
Eingescharrt von fremder Hand?
Oder ruh ich an der Küste
Eines Meeres in dem Sand?

Immerhin! Mich wird umgeben
Gotteshimmel, dort wie hier,
Und als Totenlampen schweben
Nachts die Sterne über mir.

ARBEITSANREGUNGEN

1. Die Gedichte „Sterbende" und „Wo?" kreisen um die letzte Ruhestätte des im Exil Lebenden. Vergleichen Sie die Durchführung des Themas.
2. Ziehen Sie den Infoblock ▷ Interpretationshilfen zu Heine (Seite 40) heran und finden Sie selbst weitere Beispiele für diese Methoden der Entlarvung in Heines Gedichten.

2.3 „Kommt, Kinder! morgen geht es fort" – Auswanderung nach Nordamerika im 19. Jahrhundert

Bereits Ende des 17. Jahrhunderts fanden Deutsche in Nordamerika ihre neue Heimat, im 19. Jahrhundert sind aber richtiggehende Auswanderungswellen feststellbar, die jeweils mindestens zwei bis drei Jahre anhielten.

Insgesamt wanderten in den siebzig Jahren zwischen 1820 und 1890 etwa fünf Millionen Deutsche nach Amerika aus. Dies heißt, dass etwa 30 Prozent aller Einwanderer in Amerika aus Deutschland kamen, wobei die größte Zahl (in der ersten Hälfte des 19. Jahrhunderts über ein Drittel) aus dem Südwesten stammte.

ARBEITSANREGUNG

 Informieren Sie sich über die politischen, wirtschaftlichen und sozialen Zustände, die zu dieser Massenauswanderung führten.
Literaturhinweis
Hans-Ulrich Wehler: Deutsche Gesellschaftsgeschichte 1815–1845/49. München 1987

Ludwig Pfau (25.8.1821 Heilbronn – 12.4.1894 Stuttgart) war Philosoph, Dichter, Politiker und Kunstkritiker. Unter anderem war er als Herausgeber der satirischen Zeitschrift „Eulenspiegel" tätig. Die Jahre des revolutionären Aufbruchs, der wirtschaftlichen Depression und der politischen Repression führten zum Konkurs der väterlichen Gärtnerei. Pfaus Vater und auch seine eigene Braut wanderten aus, beide starben nach nur kurzem Aufenthalt in Amerika. Er selbst, als „Hochverräter" zu 21 Jahren Zuchthaus verurteilt, wurde für eineinhalb Jahrzehnte zum „unordentlichen Leben" im Exil (Zürich, Bern, Paris, Antwerpen, Brüssel) verbannt. Seine Gedichte fanden keinen Verleger, seine Manuskripte gingen verloren, verbrannten, wurden gepfändet.

Ludwig Pfau

Der Auswanderer (1846)

Die Orgel schweigt, die Kirch' ist aus,
Ade, du altes Gotteshaus!
Heut segnet mich zum letzten Mal
Mit frommer Stimme dein Choral.
5 Ja sende mir nur deinen Segen
Noch zum Geleit auf meinen Wegen;
Ich brauch ihn wohl – weit ist es ja
Von hier bis nach Amerika.

Kommt, Kinder! morgen geht es fort,
10 Nehmt Abschied noch vom Heimatort;
Andächtig geht von Haus zu Haus
Und dann in Gottes Feld hinaus.
Hier haben wir uns oft gemühet,
Seht, wie nun alles grünt und blühet;
15 Den Segen heimst ein andrer ein –
Das möcht' uns schier nichts Neues sein.

So leb denn wohl, du gutes Land!
Das ich gebaut mit meiner Hand;
So leb denn wohl, du treues Feld!
20 Das ich so lange Jahr bestellt.
Mögst du, auch wenn wir ferne wandern,
Gedeihn und Früchte tragen andern!
Leb wohl, du Himmel mild und blau!
Schenk diesen Saaten süßen Thau.

25 Jetzt kommen wir zur Kirchhofthür',
Da schaut ein schwarzes Kreuzlein für;
Da liegt sie, freundlich eingehegt,
Die euch geboren und gepflegt.
Da liegt sie nun in deutscher Erden –
30 Ob wir so sanft wohl ruhen werden
Im fremden Land? – Doch Gott ist ja
Bei uns auch in Amerika.

Wohl hätt' ich nimmermehr geglaubt,
Ich trüg' so weit dies alte Haupt;
35 Wohl hofft' ich, einst an ihrer Seit'
Zu ruhn von aller Müdigkeit.
So laßt uns denn zum Hügel treten
Und noch ein Vaterunser beten.
Schlaf wohl, mein Weib, im Grabe dein!
40 In Frieden ruhe dein Gebein.

Ach Gott! es ist kein kleiner Schmerz
Für so ein thöricht altes Herz,
Zu lassen Heimat, Feld und Haus,
Und in die weite Welt hinaus! –
45 Still, Herz! fast wärst du überflossen
und hättst in Klagen dich ergossen –
Bist ja gestählt in Kampf und Not,
Drum mutig fort ins Abendrot!

Ja, fort nach Abend! Kinder kommt!
50 Wo unsre Müh' und Arbeit frommt;
Wo nicht, wenn unsern Schweiß wir sä'n,
Wir Angst und Kummer ernten gehen;
Wo für die Faulen nicht die Garben,
Und für die Fleißigen das Darben –
55 Kommt! für die Fleißigen giebt es ja
Genug Brot in Amerika.

Hier liegt auf uns ein Druck so dumpf,
Der macht uns Haupt und Herze stumpf.
Wir ziehn die Last wohl Jahr für Jahr,
60 Doch schwerer wird sie immerdar.
Ich weiß nicht, wen ich soll verklagen,
Doch kann kein Herz mehr fröhlich schlagen,
Und was uns fehlet zum Gedeihn,
Ich denk', das muß die Freiheit sein.

65 In jenen Wäldern, heilig alt,
Giebt Gott uns selber Aufenthalt;
Da weiß man nichts von Herr und Knecht,
Da gilt der Menschheit altes Recht.
Da kann man wieder fröhlich singen,
70 Wenn tief im Holz die Äxte klingen,
Wenn über uns der Urwald saust,
Darin der Freiheit Odem braust.

Dort schaut hinein ins Abendrot,
Drin ist versunken unsre Not;
75 Dort glänzt im Morgenlicht ein Strand,
Da blüht ein neues Vaterland.
Da thaut aufs Land der Freiheit Segen,
Daß alle Kräfte froh sich regen –
Wo wir auch seien, Gott ist da!
80 Auf Kinder! nach Amerika!

F. Freiligrath, in: „Die Gartenlaube",
illustriertes Familienblatt Nr. 43/1859

Ferdinand Freiligrath (17.6.1810 Detmold – 18.3.1876 Cannstatt), ursprünglich Bankangestellter, brachte als Dichter mit der Schilderung exotischer Welten einen neuen Ton in die deutsche Lyrik. Nach dem Erscheinen seines für die Literatur des Vormärz wichtigsten Werkes „Ein Glaubensbekenntnis"(1844), einer Sammlung politischer Gedichte, in denen er radikal-politische Ideen zum Ausdruck brachte, war Freiligraths Leben geprägt von Verfolgung und Amnestie, von Landesverweis und Rückkehr: 1846 Handelskorrespondent in London; 1848 Rückkehr nach Düsseldorf; Beitritt zum Kommunistenbund; am 29.8.1848 wegen „Aufreizung zum Umsturz" verhaftet; am 3.10.1848 freigesprochen. Mit Karl Marx Redakteur der „Neuen Rheinischen Zeitung" in Köln bis zu deren Verbot am 19.5.1849; Flucht nach Holland, dort ausgewiesen; Mai 1851 nach London, dort Buchhalter und 1856 bis 1865 Leiter der Schweizer Generalbank; nach Amnestie 1868 Rückkehr nach Stuttgart – Bad Cannstatt.

Ferdinand Freiligrath
Die Auswanderer. Sommer 1832

Ich kann den Blick nicht von euch wenden;
Ich muß euch anschaun immerdar:
Wie reicht ihr mit geschäft'gen Händen
Dem Schiffer eure Habe dar!

5 Ihr Männer, die ihr von dem Nacken
Die Körbe langt, mit Brod beschwert,
Das ihr aus deutschem Korn gebacken,
Geröstet habt auf deutschem Herd;

Und ihr, im Schmuck der langen Zöpfe,
10 Ihr Schwarzwaldmädchen, braun und
   schlank,
Wie sorgsam stellt ihr Krüg' und Töpfe
Auf der Schaluppe grüne Bank!

Das sind dieselben Töpf' und Krüge,
15 Oft an der Heimath Born gefüllt!
Wenn am Missouri Alles schwiege,
Sie malten euch der Heimath Bild:

Des Dorfes steingefaßte Quelle,
Zu der ihr schöpfend euch gebückt,
20 Des Herdes traute Feuerstelle,
Das Wandgesims, das sie geschmückt.

Bald zieren sie im fernen Westen
Des leichten Bretterhauses Wand;
Bald reicht sie müden braunen Gästen,
Voll frischen Trunkes, eure Hand.

25 Es trinkt daraus der Tscherokese,
Ermattet, von der Jagd bestaubt;
Nicht mehr von deutscher Rebenlese
Tragt ihr sie heim, mit Grün belaubt.

O sprecht! warum zogt ihr von dannen?
30 Das Neckartal hat Wein und Korn;
Der Schwarzwald steht voll finstrer Tannen,
Im Spessart klingt des Aeplers Horn.

Wie wird es in den fremden Wäldern
Euch nach der Heimathberge Grün,
35 Nach Deutschlands gelben Weizenfeldern,
Nach seinen Rebenhügeln ziehn!

Wie wird das Bild der alten Tage
Durch eure Träume glänzend wehn!
Gleich einer stillen, frommen Sage
40 Wird es euch vor der Seele stehn.

Der Bootsmann winkt! – Zieht hin in Frieden:
Gott schütz' euch, Mann und Weib und Greis!
Sei Freude eurer Brust beschieden,
Und euren Feldern Reis und Mais!

Nikolaus Lenau (13.8.1802 Csatád/Ungarn – 22.8.1850 Oberdöbling bei Wien), eigentlich Nikolaus Niembsch, Edler von Strehlenau (Lenau hat seinen Namen bewusst verbürgerlicht), stammt aus alter preußischer Familie. Vielfältige Studien (Philosophie, Jura, Medizin, Ackerbau), Umgang mit Dichtern und Musikern (Strauß/Vater) zunächst in Wien, ab 1831 in Stuttgart (Schwäbischer Dichterkreis, Cotta) und Heidelberg. Europamüde geht er 1832 in die USA, wo er in den Wäldern Pennsylvanias eine Farm gründen und bewirtschaften will; bereits ein Jahr später kehrt er enttäuscht zurück.

Carl Rahe (1812–1865): Lenau. Gemälde, um 1833/44

Nikolaus Lenau
Abschied

Lied eines Auswandernden (1832)

    Sei mir zum letzten Mal gegrüßt,
mein Vaterland, das, feige, dumm,
die Ferse dem Despoten küsst
und seinem Wink gehorchet stumm.

5   Wohl schlief das Kind in deinem Arm;
du gabst, was Knaben freuen kann;
der Jüngling fand ein Liebchen warm;
doch keine Freiheit fand der Mann.

    Im Hochland streckt der Jäger sich
10   zu Boden schnell, wenn Wildesschar
heran sich stürzet fürchterlich;
dann schnaubt vorüber die Gefahr:

    Mein Vaterland, so sinkst du hin,
rauscht deines Herrschers Tritt heran,
15   und lässest ihn vorüberziehn
und hältst den bangen Atem an.

    Fleug, Schiff, wie Wolken durch die Luft,
hin, wo die Götterflamme brennt!
Meer, spüle mir hinweg die Kluft,
20   die von der Freiheit noch mich trennt!

    Du neue Welt, du freie Welt,
an deren blütenreichem Strand
die Flut der Tyrannei zerschellt,
ich grüße dich, mein Vaterland.

Der Urwald (1835)

Es ist ein Land voll träumerischem Trug,
Auf das die Freiheit im Vorüberflug
Bezaubernd ihren Schatten fallen lässt,
Und das ihn hält in tausend Bildern fest;
Wohin das Unglück flüchtet ferneher
Und das Verbrechen zittert übers Meer;
Das Land, bei dessen lockendem Verheißen
Die Hoffnung oft vom Sterbelager sprang
Und ihr Panier durch alle Stürme schwang,
Um es am fremden Strande zu zerreißen
Und dort den zwiefach bittern Tod zu haben;
Die Heimat hätte besser sie begraben! –
[…]

ARBEITSANREGUNGEN

Untersuchen und vergleichen Sie die Gedichte zum Thema **Auswanderung nach Amerika** und berücksichtigen Sie dabei die folgenden Aspekte:

- Typisierung der Auswanderer: Berufe, Herkunft, Lebenseinstellung
- „Warum zogt ihr von dannen?" Gründe für die Auswanderung
- Das Bild von der Heimat, die man verlassen muss
- „Utopie Amerika" – das Bild von der Neuen Welt

3 Exil 1933–1945

Am 30. Januar 1933 wurde dem Faschismus die Macht in Deutschland übergeben. Ab dem 10. Mai 1933 ließen die Nationalsozialisten vier Wochen lang die Werke von Schriftstellern und Wissenschaftlern in einer „Aktion wider den undeutschen Geist" öffentlich verbrennen. Diese „Manifestation des Ungeistes" war der Auftakt von Bevormundung und Diffamierung, Verfolgung, Vertreibung und Ermordung der geistigen Elite Deutschlands.

Hans-Albert Walter

Öfter als die Schuhe die Länder wechselnd

Der bald darauf einsetzende Terror erreichte in den Tagen nach dem Reichtagsbrand seinen ersten Höhepunkt. Tausende von Nicht- und Antifaschisten verschwanden in den Gefäng-
5 nissen, den Folterkellern von SA und SS, in den ersten Konzentrationslagern. Wer den Verhaftungen durch Glück, durch Zufall oder aus politischer Voraussicht entgangen war, floh ins benachbarte Ausland.
10 Damit hatte begonnen, was als die ‚deutsche Emigration' in die Geschichte eingegangen ist.

Von Anfang 1933 bis Mitte 1941 sind annähernd 400 000 Menschen aus Deutschland geflohen. Sie verließen ihre Heimat viel-
15 fach unter Gefahr an Leib und Leben, sie gingen aus moralischem und politischem Protest gegen den Faschismus, sie flohen schließlich, als rassisch Verfolgte, weil ihnen die Grundlagen der wirtschaftlichen Existenz und des
20 bürgerlichen Lebens entzogen werden sollten oder entzogen worden waren.
Die Ursache der Emigration war also allemal eine politische, denn auch die Vernichtung der ökonomischen Existenz ist eine politische
25 Maßnahme gewesen.

Wolfgang Emmerich

Schreiben im Exil (1997)

Der Massenexodus der Schriftsteller erfolgte in unmittelbarem Zusammenhang mit dem Reichtagsbrand, innerhalb von etwa sechs Wochen, doch glaubte man offenbar nur an
5 einen kurzen Aufenthalt, entzog sich einer Gefahr, sprach vom „Spuk", der bald vorüber sein werde, und nahm nur das nötigste Gepäck mit, Letzteres natürlich auch, um nicht aufzufallen.
10 „Es war ja nur ein Ausflug, man lässt den Sturm vorübergehen." (Döblin)

Es kam anders.
Mit der Dauer des Exils musste der Exildichter – meist allein – seine verzweifelte Lage in
15 einem fremden Land erleben. Es steht außer Frage, dass dadurch – und zwar ausnahmslos bei allen Exilierten – eine ‚Beschädigung' eintrat und eine ‚Identitätskrise' (Begriffe von Adorno) ausgelöst wurde, die oft schier un-
überwindlich schien. Die Exillyrik beschreibt
20 diesen „Zustand des unwirklichen, virtuellen, entfremdeten Nicht-Lebens, der Hoffnungs-, ja Existenzlosigkeit."

ARBEITSANREGUNGEN

1. Informieren Sie sich über die **historische Situation 1933**, vielleicht in Zusammenarbeit mit dem Fach Geschichte.
2. Erforschen Sie Fluchtweg und Exilort der Autorinnen und Autoren, die Sie auf den folgenden Seiten finden. Befestigen Sie auf einer Weltkarte Namensschildchen an den verschiedenen Exilorten.
   Ergänzen Sie die Darstellung mit Informationen über Einzelschicksale (Kurzbiografien).
3. Einer blieb zurück: Verfassen Sie ein Referat zu Carl von Ossietzky.
4. Überprüfen Sie die Beschreibung der Exilsituation und der Exillyrik an den Äußerungen der Schriftsteller zu ihrer Situation (Seite 8–10) und an den Gedichten in diesem Kapitel.

*Rose Ausländer
11.5.1901 Czerno-
witz/Bukowina
– 3.1.1988 Düssel-
dorf*

*Oskar Maria Graf
22.7.1884 Berg am
Starnberger See
– 28.6.1967 New York*

*Johannes R. Becher
22.5.1891 München
– 11.10.1958 Berlin
(DDR)*

*Mascha Kaléko
1.6.1907 Schidlow
(heute Chrzanow/
Polen) – 21.1.1975
Zürich*

*Hilde Domin
27.7.1909 Köln – 22.2.2006 Heidelberg*

*Irmgard Keun
6.2.1909 Berlin – 5.5.1982 Köln*

*Carl Zuckmayer
27.12.1896 Nacken-
heim am Rhein –
18.1.1977 Visp
(Schweiz)*

*Theodor Kramer
1.1.1897 Nieder-Holla-
brunn (Österreich) –
3.4.1958 Wien*

*Else Lasker-Schüler
11.2.1869 Wuppertal-
Elberfeld – 22.1.1945
Jerusalem*

*Walter Mehring
29.4.1896 Berlin –
3.10.1981 Zürich
(Gemälde von George
Grosz, Öl, 1926)*

*Alfred Wolfenstein
28.12.1883 Halle (Saale) –
22.1.1945 Paris*

*Nelly Sachs
10.12.1891 Berlin –
12.5.1970 Stockholm*

*Erich Fried
6.5.1921 Wien – 22.11.1988 Baden-Baden*

INFOBLOCK

EPOCHENMERKMALE: LYRIK IN DER MITTE DES 20. JAHRHUNDERTS

Die letzten geschlossenen Phasen in der Entwicklung der Lyrik zu Beginn des 20. Jahrhunderts waren der Expressionismus und der Dadaismus.
In den Exilgedichten 1933–1945 werden alle traditionellen und modernen Formen aufgenommen; „Lyrik des Exils" ist thematisch einheitlich, ästhetisch uneinheitlich (auch mit Tendenz zum Festhalten am Traditionellen → Sonett). Die formal progressiven Dichterinnen und Dichter bevorzugen freie Verse und Chiffren.

3.1 Themen der Exildichtung

Das Leben in der Fremde beschäftigte die Menschen auf unterschiedliche Weise. Der Blick richtete sich zurück auf das Aufgegebene, auf das „Ich" und die ihm abverlangten Anpassungsleistungen, auf die Beschaffenheit der neuen Umgebung und auf das Fehlen oder Vorhandensein eigener Lebensperspektiven.

Die verlassene Heimat

Else Lasker-Schüler
Über glitzernden Kies (1943)

Könnt ich nach Haus –
Die Lichte gehen aus –
Erlischt ihr letzter Gruß.

Wo soll ich hin?
5 Oh Mutter mein, weißt du's?
Auch unser Garten ist gestorben! .....

Es liegt ein grauer Nelkenstrauß
Im Winkel wo im Elternhaus.
Er hatte große Sorgfalt sich erworben.

10 Umkränzte das Willkommen an den Toren
Und gab sich ganz in seiner Farbe aus.
Oh liebe Mutter! .....

Versprühte Abendrot
Am Morgen weiche Sehnsucht aus
15 Bevor die Welt in Schmach und Not.

Ich habe keine Schwestern mehr und keine Brüder.
Der Winter spielte mit dem Tode in den Nestern
Und Reif erstarrte alle Liebeslieder.

Else Lasker-Schüler
Mein blaues Klavier (1943)

Ich habe zu Hause ein blaues Klavier
Und kenne doch keine Note.

Es steht im Dunkel der Kellertür,
Seitdem die Welt verrohte.

Es spielen Sternenhände vier
– Die Mondfrau sang im Boote –
Nun tanzen die Ratten im Geklirr.

Zerbrochen ist die Klaviatür .....
Ich beweine die blaue Tote.

Ach liebe Engel öffnet mir
– Ich aß vom bitteren Brote –
Mir lebend schon die Himmelstür –
Auch wider dem Verbote.

Karl Schmidt-Rottluff (1844–1976):
„Lesende" (Else Lasker-Schüler). Öl, 1912

Rose Ausländer
Biografische Notiz (1976)

Ich rede
von der brennenden Nacht
die gelöscht hat
der Pruth[1]

5 von Trauerweiden
Blutbuchen
verstummtem Nachtigallsang

vom gelben Stern
auf dem wir
10 stündlich starben
in der Galgenzeit

nicht über Rosen
red ich

Fliegend
15 auf einer Luftschaukel
Europa Amerika Europa

ich wohne nicht
ich lebe

1 **Pruth:** Fluss in der Bukowina

Rose Ausländer
Bukowina[2] II (1976)

Landschaft die mich
erfand

wasserarmig
waldhaarig
5 die Heidelbeerhügel
honigschwarz

Viersprachig verbrüderte
Lieder
in entzweiter Zeit

10 Aufgelöst
strömen die Jahre
ans verflossene Ufer

2 **Bukowina:** historische Landschaft, erstreckt sich von
den nordöstlichen Karpaten bis zum Dnjestr im Norden
und bis in die bessarabische Steppenlandschaft im
Osten, heute z. T. Rumänien, z. T. der Ukraine zugehörig.

ARBEITSANREGUNG

Lesen Sie die Gedichte mehrmals langsam und versuchen Sie, die **Metaphorik** zu entschlüsseln. Legen
Sie sich nicht zu schnell auf die Deutung einzelner
Zeilen fest, sondern achten Sie auf die Stimmigkeit
des ganzen Entwurfs.

Oskar Maria Graf
Brief eines Emigranten an seine Tochter (1938)

Kind, du schreibst mir aus der Heimat,
dass es wieder Frühling ist.
Wenn man morgens übers nasse Gras geht,
schreibst du, sei man wie die Erde selber,
5 die in neuem Wachsen steht.

Wenn ich das so lese aus dem Brief,
seh ich Äcker, Wald und Feld
ganz wie einst, als ich sie noch durchstreifte.
Unvergänglich glänzt das gute Bild
10 und beglückt mich immer tief.

Und du schreibst vom Krieg fast lustig,
weil man so viel davon hört.
Ja, die Alten, meinst du, seien meist gestorben
und die Jungen viel beim Militär,
15 weils bald losgehn wird.

Kind, beim Lesen stockt mein Atem!
Ist das alles, was du weißt?
Ist vom freien Frieden nie die Rede?
Ich seh Wald und Feld, die Äcker
20 früchteschwer –
alles öd! Und keine Menschen mehr …

Mascha Kaléko

Sozusagen ein Mailied (1938)

Manchmal, mitten in jenen Nächten,
Die ein jeglicher von uns kennt,
Wartend auf den Schlaf des Gerechten,
Wie man ihn seltsamerweise nennt,
5 Denke ich an den Rhein und die Elbe,
Und kleiner, aber meiner, die Spree.
Und immer wieder ist es dasselbe:
Das Denken tut verteufelt weh.

Manchmal, mitten im freien Manhattan,
10 Unterwegs auf der Jagd nach dem Glück,
Hör ich auf einmal das Rasseln von Ketten.
Und das bringt mich wieder auf Preußen zurück.
Ob dort die Vögel zu singen wagen?
Gibts das noch: Werder im Blütenschnee …
15 Wie mag die Havel das alles ertragen,
Und was sagt der alte Grunewaldsee?

Manchmal, angesichts neuer Bekanntschaft
Mit üppiger Flora, – glad to see –
Sehnt sichs in mir nach magerer Landschaft,
20 Sandiger Kiefer, weiß nicht wie.
Was wissen Primeln und Geranien
Von Rassenkunde und Medizin …
Ob Ecke Uhland die Kastanien
Wohl blühn?

ARBEITSANREGUNG

Vergleichen Sie Mascha Kalékos „Emigranten-Monolog" mit Heinrich Heines „In der Fremde" (Seite 36).

ARBEITSANREGUNGEN

1. Untersuchen und vergleichen Sie das **Motiv** des Frühlings bei Kaléko und Graf.
   Welche Wirkung hat das Stilmittel der Apostrophe im „Brief eines Emigranten an seine Tochter"?
2. Beide Gedichte wirken wie Versuche, sich der alten Heimat durch Erinnerung zu versichern, sie sind aber auch politische Gedichte. Arbeiten Sie beide Aspekte heraus.

Mascha Kaléko

Emigranten-Monolog
(1945 erschienen)

Ich hatte einst ein schönes Vaterland,
So sang schon der Refugee Heine.
Das seine stand am Rheine,
Das meine auf märkischem Sand.

5 Wir alle hatten einst ein (siehe oben!),
Das fraß die Pest, das ist im Sturm zerstoben.
O, Röslein auf der Heide,
Dich brach die Kraftdurchfreude.

Die Nachtigallen wurden stumm,
10 Sahn sich nach sicherm Wohnsitz um,
Und nur die Geier schreien
Hoch über Gräberreihen.

Das wird nie wieder wie es war,
Wenn es auch anders wird.
15 Auch wenn das liebe Glöcklein tönt,
Auch wenn kein Schwert mehr klirrt.

Mir ist zuweilen so als ob
Das Herz in mir zerbrach.
Ich habe manchmal Heimweh.
20 Ich weiß nur nicht, wonach …

Auf der Flucht

Hilde Domin

Mit leichtem Gepäck (1962)

Gewöhn dich nicht.
Du darfst dich nicht gewöhnen.
Eine Rose ist eine Rose.
Aber ein Heim
5 ist kein Heim.

Sag dem Schoßhund Gegenstand ab,
der dich anwedelt
aus den Schaufenstern.
Er irrt. Du
10 riechst nicht nach Bleiben.

Ein Löffel ist besser als zwei.
Häng ihn dir um den Hals,
du darfst einen haben,
denn mit der Hand
15 schöpft sich das Heiße zu schwer.

Es liefe der Zucker dir durch die Finger,
wie der Trost,
wie der Wunsch,
an dem Tag
20 da er dein wird.

Du darfst einen Löffel haben,
eine Rose,
vielleicht ein Herz
und, vielleicht,
25 ein Grab.

Nelly Sachs

In der Flucht (1961 erschienen)

In der Flucht
welch großer Empfang
unterwegs –

Eingehüllt
5 in der Winde Tuch
Füße im Gebet des Sandes
der niemals Amen sagen kann
denn er muss
von der Flosse in den Flügel
10 und weiter –

Der kranke Schmetterling
weiß bald wieder vom Meer –
Dieser Stein
mit der Inschrift der Fliege
15 hat sich mir in die Hand gegeben –

An Stelle von Heimat
halte ich die Verwandlungen der Welt –

ARBEITSANREGUNG

Untersuchen Sie die **Metaphorik** des Gedichts.

Referatvorschlag:
„Eine Rose ist eine Rose" („A rose is a rose") ist eine Anspielung auf die amerikanische Schriftstellerin Gertrude Stein. Erarbeiten Sie einen Vortrag über diese Schriftstellerin und ihr poetisches Konzept.

ARBEITSANREGUNGEN

1. Schreiben Sie das Gedicht auf ein großes Blatt Papier und notieren Sie Ihre **Assoziationen**.
2. Malen Sie ein Bild zu dem Gedicht.

Trostlosigkeit

Oskar Maria Graf
Jäher Schrecken (1962 erschienen)

Ich hör' auf einmal keine Uhr mehr schlagen,
urplötzlich ist es grausig still.
Am Himmel bleicht der letzte Stern dahin,
und vor den Fenstern fängt es an zu tagen.

Es springt die Angst aus allen Gegenständen.
Sie wird zum Ekel, fad und unerträglich,
und eine kahle, grenzenlose Leere
grinst mir entgegen aus den Zimmerwänden.

Wer kann da wieder durch die Straßen gehen,
als ob ihm nichts geschehen wäre?
Es riecht nach Moder, und gespenstisch flimmert's,
wenn Menschen lächeln, Sonne scheint und
   Winde wehen …

Paul Klee: Von der Liste gestrichen. Öl, 1933

Rose Ausländer
Ein Tag im Exil (1967)

Ein Tag im Exil
Haus ohne Türen und Fenster

Auf weißer Tafel
mit Kohle verzeichnet
5 die Zeit

Im Kasten
die sterblichen Masken
Adam
Abraham
10 Ahasver
Wer kennt alle Namen

Ein Tag im Exil
wo die Stunden sich bücken
um aus dem Keller
15 ins Zimmer zu kommen

Schatten versammelt
um's Öllicht im ewigen Lämpchen
erzählen ihre Geschichten
mit zehn finstern Fingern
20 die Wände entlang

ARBEITSANREGUNGEN

1. a) Weisen Sie nach, wie im Gedicht von O. M. Graf die unmittelbare Betroffenheit durch das Stilmittel der **Personifikation** zum Ausdruck gebracht wird.
   b) Weisen Sie nach, wie die Sinnlosigkeit der Existenz sprachlich zum Ausdruck kommt.
   c) Aus diesem Gedicht des für seine realistischen Zeitromane und autobiografischen Darstellungen berühmten Oskar Maria Graf spricht tiefste persönliche Verzweiflung. Dennoch hat er eine relativ **strenge Form** gewählt. Stellen Sie Vermutungen darüber an, warum.
2. a) Gehen Sie der Frage nach, wie im Gedicht von Rose Ausländer das Thema Exil entfaltet wird.
   b) Tragen Sie die Metaphern des Gedichts zusammen und versuchen Sie eine **Deutung**. Diskutieren Sie Ihr Ergebnis im Kurs.

Im Herbst

Jesse Thoor
Sonett im Herbst (Sonette 1934–44)

Wie oft wohl muss ich noch, dass Gott erbarm – ein stiller Gast,
an fremden Tischen dankbar meinen kahlen Schädel neigen?
Ich lege ihn am Abend hin – auf Federn, Strohsack oder Bast,
wie ich ihn schon am Morgen hob; zum Trauern nur und Schweigen.

5   Ich weiß, da gehn die Alten schweren Schrittes vor das Haus.
Denn wieder blühn in Deutschland Wicken, Astern und Zyklamen.
Und wieder pocht der Herbst an Tür und Fensterrahmen,
und bläst die Lampe flackernd in den engen Stuben aus.

In diesen Nächten werden viele einsam durch die Straßen gehn.
10   Und wird es nur der Wind, ein Frösteln sein in Baum und Strauch?
„Vielleicht, vielleicht bringt uns der März ein Wiedersehn?"

Und allen wünsch ich und auch mir die Kraft, nach altem Brauch,
dass wir den Frost, die Kälte und den Hunger überstehn.
Und alles Unheil und die tiefe Schande der Tyrannen auch.

Alfred Wolfenstein
Herbst (1935)

Die Sonne sinkt mit jedem Abend schneller,
Man denkt schon morgens an des Tages Ende,
Das ist die schon so oft erlebte Wende.
Da sinkt der Mut mit langsamem Propeller.

5   Es ist, als wartete ein düstrer Keller
Auf die vom Flug durch duftende Gelände
Verwöhnte Lunge, und sie atmet Wände.
Der Straßen Licht macht nur die Steine heller.

Und doch, manch Held des Sommers wäre froh,
10   Wenn er im kalten Wind nun wüsste, wo
Er landen kann, in welcher Stadt der Erde.

Er sänke gerne andern Sternen zu –
Hier reißt der Herbst herab die letzte Ruh,
Und wer gehört nicht zu der Blätter Herde?

ARBEITSANREGUNGEN

1. Sowohl **Herbstgedichte** als auch **Sonette** gehören in das Repertoire der traditionellen europäischen Lyrik. Berühmte Herbstgedichte sind z. B. Theodor Storm: „Über die Heide", Stefan George: „Komm in den totgesagten Park und schau", Rainer Maria Rilke: „Herbsttag", Georg Trakl: „Verfall", Gottfried Benn: „Astern". Sie sind in vielen Gedichtsammlungen und auch im Internet zu finden. Suchen Sie diese Gedichte und ziehen Sie sie zum Vergleich heran. Wählen Sie ein Gedicht aus und schreiben Sie eine vergleichende Interpretation.
2. Arbeiten Sie die Verbindung von Herbstmotiven und Exilsituation in den Gedichten von Wolfenstein und Thoor heraus.

Landschaften des Exils

ARBEITSANREGUNG VORAUSGESCHICKT

Welche **inneren Bilder** verbinden Sie selbst mit dem Thema „Abendstimmung"? Notieren Sie zunächst Ihre eigenen Gedanken, Bilder und Assoziationen.
Lesen Sie anschließend Irmgard Keuns Gedicht aus dem Jahr 1940 und beobachten Sie – wie oben bei Oskar Maria Graf und Mascha Kaléko – die Gegenüberstellung von Natur und aktueller politischer Situation.

Irmgard Keun
Abendstimmung in Scheveningen (Juni 1940)

Das Salz des Abends sinkt mir in die Hände,
Es riecht nach Meer, und jedes Sandkorn wacht,
Rot und verwildert schenkt die Sonne sich der Nacht
Und baut, noch untergehend, künftger Tage Wände.

5 Es riecht nach Meer. Sanft scheinen alle Blicke
Der Fischermädchen mit dem strengen Schritt.
Sie wandeln still am Strand der Missgeschicke
Und suchen manchmal ihrer Toten Hände
Und suchen Wärme, die ins Salzgrab glitt.

10 Die Leiche eines Flugzeugs rostet trüb im Sande,
Und unter Muscheln liegt ein kleiner Ball.
Die Kinder schlafen, und es dröhnt der Schall
Schwarzer Propellerkraft am abendroten Strande.

Um Ufer schreiten knirschend die Soldaten
15 Im Grau der Uniform und friedenssatt.
Sie schreiten fest im Wahne künftger Taten
Und sehnen flüchtig sich nach eignem Lande –
Der Himmel schweigt, das Meer wird schwarz
        und glatt.

George Grosz (1893–1959, 1933 emigriert nach New York): New York, Hafen

ARBEITSANREGUNG

Schreiben Sie eine **Interpretation**, in der Sie versuchen, die Stimmung des Gedichts herauszuarbeiten. Alle Sinne (Hören, Sehen, Riechen, Tasten) werden angesprochen: Gehen Sie ein auf die Besonderheit der Wahrnehmungen und auf die Metaphorik.
Beschreiben Sie die Form. Das jambische Versmaß wird an drei Stellen durchbrochen – gibt es eine (inhaltliche) Begründung dafür?

Theodor Kramer

Vom Himmel von London (1943)

Vom Blau, das nicht lange die Farbe behält,
ein Stück, das vor Abend wie Soda zerfällt
und sein tintiges Nass sacht in Strichen verpisst,
bis die Dächer zu brausen beginnen: das ist
5 der niedrige Himmel von London.

Wo patzig die Büsche im Rasenrund stehn
und schläfrig die Schwaden des Nebels sich drehn,
wo immer vorbei der Autobus zwängt
seinen Weg, in die winkligen Gassen hängt
10 der niedrige Himmel von London.

Wann die gleitende Treppe zu Tage mich trägt,
wann das Hasten nach Arbeit die Straßen abschrägt,
wann der boss mich mit leerem Versprechen entlässt,
feucht fast streift mich, verdurstet verrußt und durchnässt,
15 der niedrige Himmel von London.

Wie wäre der Tag, wenn im wildfremden Land
hell strahlte die Sonne und gleißte das Band
des Stromes, erst einsam und trostlos für mich;
bepiss mich, was täte ich denn ohne dich,
20 du niedriger Himmel von London.

Erich Fried

Drei Gebete aus London (1945)

Drei Gebete wohnen hinter der Stadt
Eins, wo von der Fabrik fettäugig Abwasser rinnt,

das andere, wo die Barackensiedlung ein Ende hat
das dritte, wo Wald mit den Feldern zu tanzen beginnt.

5 Mittags, wenn im Betrieb seifiges Schmutzwasser fließt,
bet ich das erste Gebet, das dich nicht umschließt.

Dräng ich mich abends durch Hackney's Hausklumpen spät,
bist du mir näher, denn weit reicht mein zweites Gebet.

Nachts träum ich los mich von London in atmenden Raum:
10 Dann bet ich dich, du mein Berg, du mein Bach, du mein Baum.

ARBEITSANREGUNGEN

1. Das Gedicht von Theodor Kramer erinnert an die **Stadtgedichte** des deutschen Expressionismus.
   a) Welcher Eindruck von London entsteht? Halten Sie Ihre Assoziationen in Stichworten fest.
   b) Beschreiben Sie die Eigenart der Bilder, in denen – ähnlich wie bei Irmgard Keun – alle Sinne angesprochen werden.
   c) Welche Beziehung des lyrischen Sprechers kommt in der Schlussstrophe (inhaltlich und sprachlich) zum Ausdruck?
2. a) Untersuchen Sie die **inhaltliche Strukturierung** des Gedichts von Erich Fried (beachten Sie dabei das Reimschema) und überprüfen Sie die Angemessenheit der Überschrift.
   b) „... aus London" gibt eine Richtung vor, was ist das Ziel oder wer ist der Adressat?

B Heimatverlust und Exil

3.2 Bertolt Brecht: Die Stationen seines Exils in einer Folge von Gedichten

Bertolt Brecht (eigentlich: Berthold Eugen Friedrich Brecht, geboren 10.2.1898 in Augsburg, gestorben 14.8.1956 in Berlin/Ost), studierte in München (vorwiegend Medizin!), siedelte 1924 um nach Berlin, emigrierte 1933 und kehrte 1948 nach Berlin/Ost zurück. Seine wichtigsten Werke entstanden im Exil.

Rudolf Schlichter (1890–1955): Bert Brecht. Ölgemälde

Bertolt Brecht
Über die Bezeichnung Emigranten (1937)

Immer fand ich den Namen falsch, den man uns gab: Emigranten.
Das heißt doch Auswanderer. Aber wir
Wanderten doch nicht aus, nach freiem Entschluß
Wählend ein anderes Land. Wanderten wir doch auch nicht
5 Ein in ein Land, dort zu bleiben, womöglich für immer.
Sondern wir flohen. Vertriebene sind wir, Verbannte.
Und kein Heim, ein Exil soll das Land sein, das uns da aufnahm.
Unruhig sitzen wir so, möglichst nahe den Grenzen
Wartend des Tags der Rückkehr, jede kleinste Veränderung
10 Jenseits der Grenze beobachtend, jeden Ankömmling
Eifrig befragend, nichts vergessend und nichts aufgebend
Und auch verzeihend nichts, was geschah, nichts verzeihend.
Ach, die Stille der Sunde täuscht uns nicht! Wir hören die Schreie
Aus ihren Lagern bis hierher. Sind wir doch selber
15 Fast wie Gerüchte von Untaten, die da entkamen
Über die Grenzen. Jeder von uns
Der mit zerrissenen Schuhn durch die Menge geht
Zeugt von der Schande, die jetzt unser Land befleckt.
Aber keiner von uns
20 Wird hier bleiben. Das letzte Wort
Ist noch nicht gesprochen.   R

ARBEITSANREGUNGEN

1. Brechts Gedicht lässt sich wie eine **Begriffsdefinition** lesen.
   Notieren Sie in zwei Spalten die Unterscheidungen, die er zwischen Exil und Emigration trifft.
   Schlagen Sie in einem Konversationslexikon (vielleicht finden Sie in der Schule noch eine ganz alte Auflage – ziehen Sie auch diese zu Rate) die Begriffe nach und vergleichen Sie.
2. Arbeiten Sie den Kontrast zwischen (vordergründig) rationaler Durchführung des Themas und leidenschaftlichem Anliegen heraus.
3. Suchen Sie Stellen, die an den Tonfall der Psalmen des Alten Testaments erinnern.

Kurze Übersicht über die Stationen des Exils Bertolt Brechts

28.2.1933	Brecht verlässt einen Tag nach dem Reichtagsbrand mit seiner Frau Helene Weigel und ihrem Sohn Berlin und reist (auf Einladung einer Bekannten der Weigel) über Prag, Wien, Zürich, Paris nach Dänemark.
August 33– März 1939	Wohnung in Skovsbostrand auf der Insel Fünen bei Svendborg („das dänische Strohdach").
Ostern 1939	Weiterreise nach Schweden (Insel Lidingö bei Stockholm).
April 1940	Weiterfahrt nach Helsinki.
Sommer 1941	Fahrt über Leningrad nach Moskau. In 10 Tagen mit dem Transsibirien-Express nach Wladiwostok.
13. Juni 1941	Von Wladiwostok auf dem Frachtschiff „Annie Johnson" in 40 Tagen nach Kalifornien.
21. Juli 1941	Landung in San Pedro, Wohnung in Santa Monica (in der Nähe von Hollywood).
31. Oktober 1947	Rückkehr nach Europa, ein Jahr Aufenthalt in Zürich.
22. Oktober 1948	Rückkehr nach Deutschland, in die neu gegründete DDR, wohnhaft in Berlin/Ost, wo er 1956 stirbt.

ARBEITSANREGUNGEN

Erarbeiten Sie eine **Präsentation**, die Brechts Leben während der Exilzeit in geeigneter Weise darstellt.

Literaturhinweis
Informieren Sie sich z. B. in:
Werner Mittenzwei: Das Leben des Bertolt Brecht. 2 Bände. Aufbau, Berlin und Weimar 1986

Die Stärke dieser Biografie liegt in einer sehr informativen und detailgenauen Beschreibung von Brechts Leben, weniger in der etwas einseitigen Wertung. Sie ist zwar umfangreich, aber leicht lesbar.
a) Sie können die „Stationen" gemäß der oben abgebildeten Tabelle in Ihrer Gruppe zur Bearbeitung verteilen und zum Beispiel in Verbindung mit den Gedichten abschnittsweise präsentieren.
b) Markieren Sie auf einer Weltkarte Brechts Fluchtweg vor den vorrückenden deutschen Soldaten.

Bertolt Brecht

Gedanken über die Dauer des Exils (1937)

I
Schlage keinen Nagel in die Wand
Wirf den Rock auf den Stuhl.
Warum vorsorgen für vier Tage?
Du kehrst morgen zurück.

5 Laß den kleinen Baum ohne Wasser.
Wozu noch einen Baum pflanzen?
Bevor er so hoch wie eine Stufe ist
Gehst du froh weg von hier.

Zieh die Mütze ins Gesicht, wenn Leute vorbeigehn!
10 Wozu in einer fremden Grammatik blättern?
Die Nachricht, die dich heimruft
Ist in bekannter Sprache geschrieben.

So wie der Kalk vom Gebälk blättert
(Tue nichts dagegen!)
15 Wird der Zaun der Gewalt zermorschen
Der an der Grenze aufgerichtet ist
Gegen die Gerechtigkeit.

II
Sieh den Nagel in der Wand, den du eingeschlagen hast:
Wann, glaubst du, wirst du zurückkehren?
20 Willst du wissen, was du im Innersten glaubst?

Tag um Tag
Arbeitest du an der Befreiung
Sitzend in der Kammer schreibst du.
Willst du wissen, was du von deiner Arbeit hältst?
25 Sieh den kleinen Kastanienbaum im Eck des Hofes
Zu dem du die Kanne voll Wasser schlepptest! ⟦R⟧

ARBEITSANREGUNGEN

1. Untersuchen Sie die **Sprechhaltung des lyrischen Ichs**.
2. Welche rhetorischen Mittel unterstreichen die Aussage?

Bertolt Brecht
Zufluchtsstätte (1937)

Ein Ruder liegt auf dem Dach. Ein mittlerer Wind
Wird das Stroh nicht wegtragen.
Im Hof für die Schaukel der Kinder sind
Pfähle eingeschlagen.
Die Post kommt zweimal hin
Wo die Briefe willkommen wären.
Den Sund herunter kommen die Fähren.
Das Haus hat vier Türen, daraus zu fliehn. ®

Bertolt Brechts Exilhaus, ca. 1937

ARBEITSANREGUNGEN

1. Mit welchen Mitteln wird der Eindruck von der „Geborgenheit des dänischen Strohdachs" in der letzten Zeile zerstört?
2. Fenster, Türen, Wände, Keller haben auch in vielen anderen Exilgedichten metaphorische Bedeutung. Blättern Sie im ersten Teil dieses Kapitels und schreiben Sie geeignete Metaphern heraus. Montieren Sie daraus ein neues Gedicht.

Bertolt Brecht
Frühling 1938

I
Heute, Ostersonntag früh
Ging ein plötzlicher Schneesturm über die Insel.
Zwischen den grünenden Hecken lag Schnee. Mein junger Sohn
Holte mich zu einem Aprikosenbäumchen an der Hausmauer
5 Von einem Vers weg, in dem ich auf diejenigen mit dem Finger deutete
Die einen Krieg vorbereiteten, der
Den Kontinent, diese Insel, mein Volk, meine Familie und mich
Vertilgen mag. Schweigend
Legten wir einen Sack
10 Über den frierenden Baum.

II
Über dem Sund hängt Regengewölke, aber den Garten
Vergoldet noch die Sonne. Die Birnbäume
Haben grüne Blätter und noch keine Blüten, die Kirschbäume hingegen
Blüten und noch keine Blätter. Die weißen Dolden
15 Scheinen aus dürren Ästen zu sprießen.
Über das gekräuselte Sundwasser
Läuft ein kleines Boot mit geflicktem Segel.
In das Gezwitscher der Stare
Mischt sich der ferne Donner
20 Der manövrierenden Schiffsgeschütze
Des Dritten Reiches.

III

In den Weiden am Sund
Ruft in diesen Frühjahrsnächten oft das Käuzlein.
Nach dem Aberglauben der Bauern
Setzt das Käuzlein die Menschen davon in Kenntnis
Daß sie nicht lang leben. Mich
Der ich weiß, daß ich die Wahrheit gesagt habe
Über die Herrschenden, braucht der Totenvogel davon
Nicht erst in Kenntnis zu setzen

1940

I

Das Frühjahr kommt. Die linden Winde
Befreien die Schären vom Wintereis.
Die Völker des Nordens erwarten zitternd
Die Schlachtflotten des Anstreichers.[1]

V

Ich befinde mit auf dem Inselchen Lidingö.
Aber neulich nachts
Träumte ich schwer und träumte, ich war in einer Stadt
Und entdeckte, die Beschriftungen der Straßen
Waren deutsch. In Schweiß gebadet
Erwachte ich, und mit Erleichterung
Sah ich die nachtschwarze Föhre vor dem Fenster und wußte:
Ich war in der Fremde.

VIII

Auf der Flucht vor meinen Landsleuten
Bin ich nun nach Finnland gelangt. Freunde
Die ich gestern nicht kannte, stellten ein paar Betten
In saubere Zimmer. Im Lautsprecher
Höre ich die Siegesmeldungen des Abschaums. Neugierig
Betrachte ich die Karte des Erdteils. Hoch oben in Lappland
Nach dem Nördlichen Eismeer zu
Sehe ich noch eine kleine Tür. ⃞R

1 **Anstreicher:** gemeint ist Hitler

ARBEITSANREGUNGEN

1. Untersuchen Sie, wie die Wahrnehmung der neuen Umgebung, das Motiv des Frühlings, persönliche Erfahrung und Vergegenwärtigung der politischen Ereignisse im Gedicht „Frühling 1938" zueinander in Beziehung gesetzt werden.
2. a) „1940" könnte ein überarbeiteter Tagebucheintrag sein. Welche formalen und sprachlichen Mittel bestimmen den Charakter des Gedichtes?
   b) Wie wird die biografische Notiz ins Allgemeingültige gehoben?

Bertolt Brecht

Schlechte Zeit für Lyrik
(Gedichte 1938–1941)

Ich weiß doch: nur der Glückliche
Ist beliebt. Seine Stimme
Hört man gern. Sein Gesicht ist schön.

Der verkrüppelte Baum im Hof
5   Zeigt auf den schlechten Boden, aber
Die Vorübergehenden schimpfen ihn einen Krüppel
Doch mit Recht.

Die grünen Boote und die lustigen Segel des Sundes
Sehe ich nicht. Von allem
10   Sehe ich nur der Fischer rissiges Garnnetz.
Warum rede ich nur davon
Daß die vierzigjährige Häuslerin gekrümmt geht?
Die Brüste der Mädchen
Sind warm wie ehedem.

15   In meinem Lied ein Reim
Käme mir fast vor wie Übermut.

In mir streiten sich
Die Begeisterung über den blühenden Apfelbaum
Und das Entsetzen über die Reden des Anstreichers.[1]
20   Aber nur das zweite
Drängt mich zum Schreibtisch.   R

1 **Anstreicher:** gemeint ist Hitler

ARBEITSANREGUNGEN

1. Für welche Art Lyrik ist die Zeit „schlecht"? Suchen Sie die Elemente dieser Lyrik aus dem Gedicht heraus. Welche Themen stehen im Widerstreit miteinander, welche Schlussfolgerung wird dem Leser in der letzten Strophe nahegelegt?
2. Beobachten Sie, wie der lyrische Sprecher sich selbst zu seinen Beobachtungen in Beziehung setzt.

Bertolt Brecht
Sonett in der Emigration
(Gedichte 1941–1947)

Verjagt aus meinem Land muß ich nun sehn
Wie ich zu einem neuen Laden komme, einer Schenke
Wo ich verkaufen kann das, was ich denke.
Die alten Wege muß ich wieder gehn

5   Die glatt geschliffenen durch den Tritt der Hoffnungslosen!
Schon gehend, weiß ich jetzt noch nicht: zu wem?
Wohin ich komme, hör ich: Spell your name!
Ach, dieser „name" gehörte zu den großen!

Ich muß noch froh sein, wenn sie ihn nicht kennen
10 Wie einer, hinter dem ein Steckbrief läuft
Sie würden kaum auf meine Dienste brennen.

Ich hatt zu tun mit solchen schon wie ihnen
Wohl möglich, daß sich der Verdacht da häuft
Ich möcht auch sie nicht allzu gut bedienen. [R]

ARBEITSANREGUNG

Brecht bevorzugt reimlose Lyrik mit freien Versen. Überlegen Sie, was ihn bewogen haben mag, hier die Form des Sonetts zu wählen. Wie geht er damit um?

Bertolt Brecht, um 1930, vor der Emigration

Bertolt Brecht
Hollywood (Gedichte 1941–1947)

Jeden Morgen, mein Brot zu verdienen
Gehe ich auf den Markt, wo Lügen gekauft werden.
Hoffnungsvoll
Reihe ich mich ein zwischen die Verkäufer. [R]

ARBEITSANREGUNGEN

1. Warum heißt das Gedicht „Hollywood"?
2. Vergleichen Sie die Haltung des lyrischen Sprechers zu seinem Tun mit „Schlechte Zeit für Lyrik", Seite 61, und „Aus dem Arbeitsjournal", Seite 10.

Bertolt Brecht
Rückkehr (1944)

Die Vaterstadt, wie find ich sie doch?
Folgend den Bomberschwärmen
Komm ich nach Haus.
Wo denn liegt sie? Wo die ungeheueren
Gebirge von Rauch stehn.
Das in den Feuern dort
Ist sie.

Die Vaterstadt, wie empfängt sie mich wohl?
Vor mir kommen die Bomber. Tödliche Schwärme
Melden euch meine Rückkehr. Feuersbrünste
Gehen dem Sohn voraus. [R]

ARBEITSANREGUNGEN

Welche – sehr widersprüchlichen – Gefühle des lyrischen Sprechers gegenüber Deutschland kommen zum Ausdruck? Versuchen Sie eine Erklärung vor dem Hintergrund der Exilsituation.

Zusammenfassende Arbeitsanregungen:

1. Brecht hat als Exillyriker wohl die größte Bandbreite an Gegenständen und Gestaltungsformen. Versuchen Sie, seine Gedichte den Themen in Kapitel B 3.1, Seite 48–55 zuzuordnen.
2. Lesen Sie Brechts Gedichte in Ihrer Gruppe (langsam!) laut vor. Versuchen Sie dabei, durch Pausen und Betonung die Eigenart der Verteilung der Aussage auf die Verszeilen hörbar zu machen.
3. Für Findige: Besorgen Sie eine Aufnahme von Brechts Verhör vor dem McCarthy-Ausschuss für „unamerikanische Umtriebe" (Un-American Activities Committee), dem er sich am 30. Oktober 1947 unterziehen musste, und spielen Sie sie Ihrer Gruppe (mit Erklärungen) vor.

Bertolt Brecht vor dem McCarthy-Ausschuss 1947

4 Interkulturelle Lyrik – Schreiben in zwei Sprachen

In Deutschland leben mehrere Millionen Menschen, die in einem anderen Land geboren wurden oder die in einer Familie aufgewachsen sind, in der vielleicht eine andere Sprache gesprochen wird als Deutsch. Ausländische Arbeitnehmer, früher „Gastarbeiter" genannt, sind sicher die größte Gruppe, doch es leben hier auch Flüchtlinge und Asylbewerber aus aller Welt und Spätaussiedler, also Deutschstämmige aus osteuropäischen Ländern. Teils leben Menschen nicht deutscher Herkunft hier im Exil, teils als Einwanderer (obgleich Deutschland amtlich gesehen kein Einwanderungsland ist), teils als Migranten mit wirtschaftlichen Interessen. Während man die sehr heterogene Bevölkerungsgruppe in den 1980er Jahren noch als „Ausländer" bezeichnete, ist dieser Oberbegriff nicht zuletzt durch Hetzparolen und politische Verunglimpfung politisch inkorrekt geworden. Wir schlagen vor, stattdessen von ethnischen, kulturellen oder sprachlichen Minderheiten zu sprechen. Es gibt in diesen Bevölkerungsgruppen zahlreiche Autorinnen und Autoren, die teils in ihrer Muttersprache, teils in deutscher Sprache schreiben: Darüber hinaus thematisiert interkulturelle Lyrik Themen der Fremdheit.

Literaturhinweis
Ein empfehlenswertes Handbuch stellt Autoren und Autorinnen vor und versucht eine literaturgeschichtliche Einordnung:
Die interkulturelle Literatur in Deutschland. Ein Handbuch. Hrsg. von Carmine Chiellino. Stuttgart: J. B. Metzler 2000.

4.1 „Zwischen Bahnhof und Fabrik" – Migration

Mitte der 1950er Jahre führte der unerwartet sprunghafte wirtschaftliche Aufschwung, der als „Wirtschaftswunder" in die Geschichte einging, zu Arbeitskräftemangel vor allem in der Landwirtschaft und im Baugewerbe. Diesem suchte man mit der Anwerbung ausländischer Arbeitskräfte zuerst aus den südeuropäischen Mittelmeerländern, dann vor allem aus der Türkei zu be-

Der einmillionste Gastarbeiter, 10.9.1964

Mile Prerad (geb. 1946 in Bosnien, lebt seit 1966 in Deutschland): Fremdarbeiter. Holzplastik

gegnen. Bereits 1964 wurde der einmillionste „Gastarbeiter" in der Bundesrepublik begrüßt. Die Zahl stieg bis 1972 auf mehr als das Doppelte und ging dann wieder etwas zurück, weil die Bundesrepublik die Anwerbung neuer „Gastarbeiter" stoppte. War man in den ersten Jahren noch davon ausgegangen, dass die „Gastarbeiter" nur für eine begrenzte Zeit in der Bundesrepublik bleiben würden, zeigte es sich, dass zunehmend mehr Menschen das Gastland als ihren Lebensmittelpunkt empfanden und nicht zwingend eine Rückkehr im Rentenalter ins Auge gefasst wurde.

ARBEITSANREGUNGEN

1. Betrachten Sie das Foto und die Plastik Mile Prerads. Welchen Eindruck vermittelt das Foto des „Gastarbeiters", welchen die Skulptur des in Deutschland lebenden bosnischen Künstlers von der Situation des „Fremdarbeiters"?

Mile Prerad, 2000

Tipp Ausflugstipp – Skulpturenpark „Menschen in der Fremde", der Künstler dazu: „Um die Verbindung zwischen meiner Heimat und meiner Wahlheimat in besonderer Weise zu dokumentieren, entsteht in Menden/Sauerland in landschaftlich schöner Lage ein Skulpturenpark, der die Gefühle, Sorgen, Ängste und Hoffnungen von Menschen auf Frieden und eine lebenswerte Zukunft zum Ausdruck bringen soll. Die Spaziergänger in diesem Park sollen zum Nachdenken darüber angeregt werden, wie wichtig Harmonie unter Menschen verschiedener Herkunft, Rassen, Nationen und Religionen ist. Menschlich gegenwärtig zu sein, ist für mich Ausdruck einer Humanität, die die willkürlich gezogenen Grenzen zwischen uns überschreitet. Mit Helfern aus den verschiedensten Bevölkerungsschichten bearbeite ich die in der Nähe bereitliegenden Baumstämme, um sie dann rund um den ‚Hexenteich' aufzustellen." Nähere Informationen finden Sie im Internet auf mehreren Websites.

2. Sammeln Sie in Stichworten Vermutungen darüber, welche Themen zum **Gegenstand interkultureller Lyrik** werden könnten.
3. Sicher kennen Sie Menschen, die als „Gastarbeiter" nach Deutschland kamen. Befragen Sie sie nach ihren damaligen Erwartungen und nach ihren Erfahrungen und Schwierigkeiten. Halten Sie Ihre Erkenntnisse in einer Mind-Map fest.

INFOBLOCK

MERKMALE INTERKULTURELLER LYRIK

Sie werden feststellen, dass die meisten Gedichte in diesem Abschnitt in freien Versen verfasst sind. Das sind reimlose, metrisch ungebundene, doch rhythmisch sehr bewegte Verszeilen von beliebiger Länge. Gestaltungsmerkmale sind Versfugen oder Hervorhebungen durch Zeilenbrüche, Enjambements (Versüberschreitung: syntaktische Einheit setzt sich in der nächsten Zeile fort) und Zäsuren (Einschnitt innerhalb einer Verszeile).

Beliebt sind zudem – wie generell in der modernen Lyrik seit Beginn des 20. Jahrhunderts – ungewöhnliche Bilder und Chiffren.
Eine exemplarische Interpretation freier Verse finden Sie auf den Seiten 78–80.

Ausländer sein

H. Eren Çelik, geboren 1960 in Tunceli (Türkei), folgte seinen Eltern 1978 in die Bundesrepublik. Er arbeitete 1980–1985 in der metallverarbeitenden Industrie, anschließend: Studium und Promotion. H. Eren Çelik arbeitet seit 1993 als Ausländerreferent des evangelischen Kirchenkreises Bonn und als freier Journalist.

H. Eren Çelik
Wortspiel

Emigrant
Migrant
Asylant
Deutschland ist ein
5   Einwanderungsland

Aussiedler
Übersiedler
Willkommen in eurem
       Vaterland

10   Ausländer
Gastarbeiter
Fremde in Deutschland

Inländer
Europäer
15   Wir sind ein Volk

Gastland
Arbeitsland
Industrieland
Fremdenland für Fremde
20   Deutschland ist ein
       multikulturelles Land

Avni Koyun: Akrostichon „Ausländer", 1978

ARBEITSANREGUNGEN

1. a) Legen Sie ein Glossar für die im Gedicht genannten Begriffe an und formulieren Sie Definitionen für jeden Begriff. Lässt sich eine Struktur in der Reihenfolge der Nennungen erkennen?
   b) Deuten Sie den **Titel** des Gedichts.
2. a) Betrachten Sie das **Akrostichon** von Avni Koyun zum Begriff „Ausländer". Was wird mit diesem Begriff verbunden? Wessen Haltung wird hier wiedergegeben?
   b) Fertigen Sie selbst ein solches Akrostichon an. Wählen Sie dazu entweder ebenfalls den Begriff „Ausländer" oder einen Begriff, der Ihnen persönlich in diesem Zusammenhang wichtig erscheint (Gastarbeiter, Fremde ...). Schreiben Sie die Buchstaben des Wortes untereinander und finden Sie zu jedem Buchstaben einen Begriff, den Sie mit dem gewählten Ausdruck assoziieren.
   c) Vergleichen Sie Ihre Texte mit denen der anderen Kursteilnehmer.

Abschied nehmen

Zentrale Themen interkultureller Literatur sind einerseits Heimweh und Abschiednehmen, andererseits die Integration.

Gino Chiellino
Bahnhof

I
In der Anonymität
der Bahnhöfe
wo
Warten für uns
ein Zuhause
ist
sprechen
wir
mit jedem
wie
auf dem Platz eines Dorfes

II
ich sitze
mit meiner schwarzen Mütze
auf dem Bahnhof
und lausche
der Sprache der Züge

Ingo Cesaro
Heimweh

sie sammeln sich
in Wartesälen und auf Bahnsteigen
wie Zugvögel im Herbst
laut gestikulierend
so
als stünde die große Reise
kurz bevor
sie umarmen sich
wenn der Fernschnellzug
ohne sie
den Bahnhof verlässt

und weinen sich
in die kalte Wirklichkeit
zurück.

ARBEITSANREGUNGEN

1. Vergleichen Sie die beiden Gedichte von Gino Chiellino und Ingo Cesaro. Untersuchen Sie insbesondere die verwendeten Personalpronomina, die **sprachlichen Bilder** und die **Stropheneinteilung**.
2. Betrachten Sie das Bild von Avni Koyun. Versetzen Sie sich in die Rolle der Frau, die das Kind auf dem Arm trägt, und schreiben Sie ein Parallelgedicht aus ihrer Perspektive.
3. Gehen Sie zum Bahnhof oder zu einem Flughafen in Ihrer Nähe. Beobachten Sie, schließen Sie eine Weile die Augen und nehmen Sie die Geräusche in sich auf. Schreiben Sie dann einen Text, der Ihre Wahrnehmungen aufarbeitet, und versuchen Sie, ihn zu einem Gedicht zu verdichten.

Avni Koyun: Dreimal Aufwiedersehen! 1978

Fremd sein

Zafer Şenoçak

Steine auf meinem Weg
vom Himmel gefallen
grüßen mich wie Brüder

wir gehören hierher
und fügen uns nicht mehr
wohin die Straße führt

werden wir nicht gehen
dableiben und treiben
von Keimen zur Blüte

wie ein Baum wie ein Baum
den niemand gezüchtet
von niemand gerufen

Alev Tekinay
Dazwischen

Jeden Tag packe ich den Koffer
ein und dann wieder aus.

Morgens, wenn ich aufwache,
plane ich die Rückkehr,
5   aber bis Mittag gewöhne ich mich mehr
an Deutschland.

Ich ändere mich
und bleibe doch gleich
und weiß nicht mehr,
10 wer ich bin.

Jeden Tag ist das Heimweh
unwiderstehlicher,
aber die neue Heimat hält mich fest
Tag für Tag noch stärker.

15 Und jeden Tag fahre ich
zweitausend Kilometer
in einem imaginären Zug
hin und her,
unentschlossen zwischen
20 dem Kleiderschrank
und dem Koffer,
und dazwischen ist meine Welt.

Clara Tauchert-da Cruz
Insel

Draußen und dazwischen
ohne Wurzeln
in Niemandsland.

Das Herkunftsland
5   hat dich längst vergessen,
das fremde Land
ist dir fremd geblieben.

Lähmender Raum,
wo Gebärden
10 sich verlieren
und zu Eis werden.
Ein Vakuum,
wo du zweisprachig
stumm bist.

15 Eine Brücke
wolltest du sein.
Eine Insel
bist du.

José F. A. Oliver
Fremd

von außen
suche ich Verständnis
für das Fremde

ohne
mich zu erinnern
an das Fremde
im Innern

ARBEITSANREGUNGEN

1. Eine Portugiesin, ein Spanier, ein Türke, eine Türkin haben diese Gedichte verfasst. Sind die **Erfahrungen des Fremdseins** geschlechts- und nationalitätsabhängig? Untersuchen Sie die Gedichte unter dieser Fragestellung.
2. Untersuchen Sie die verwendeten **Bilder**. Welchen Bereichen sind sie entnommen?

Integration?

Gino Chiellino wurde 1946 in einem Bergdorf in Kalabrien geboren. 1966–1970 Studium der Italianistik und Soziologie in Rom. Seit 1970 lebt er in Deutschland, Promotion in Italianistik, Habilitation in vergleichender Literaturwissenschaft, Professor für Komparatistik an der Universität Augsburg, seit 1976 Gedichte in deutscher Sprache.

Gino Chiellino
Thesen zur Integration

**Für alle, die genau wie ich Italien nachweinen
– Ballade –**

Ja es stimmt
im Novemberwind
– diesem Freund des Regens –
spüre ich die Musik der Kastanien
5   lange nicht mehr
die Freude
sie vor meinen Korb
fallen zu sehen ist dahin.

Ja es stimmt
10 die Heizung passt
nicht zu mir, sie kann
niemals
die Wärme der Gespräche ersetzen
als, an die Mauer der Schule gelehnt
15 unter wechselhaften Strahlen
einer winterlichen Sonne
ohne Bier und Wein
mit Füßen im Schnee
das Wort keine Mühe kannte

20 Ja es stimmt
Coca-Cola wird mir
niemals
den Durst nach Wasser
aus unseren Bergen aus unserem Meer
25 stillen

Das Brot ist nicht warm
schmeckt nicht nach vertrauten Händen
wohl ist es weniger unsicher
hier und jetzt

Gino Chiellino

30 Der Konflikt bleibt

Das Basilikum
von uns in der Wärme eines
     Schlafzimmers
gezüchtet
35 verändert dessen Farbe
sein Grün hat es nicht mehr
sein Geruch bleibt gebrochen

Bei dem Schnitt
der mich von einem bekannten
40 Leben trennt
spüre ich das Messer
mir das Fleisch entzweien
denn es wird nicht von mir
geführt
45
Die Zuflucht zum Ort der Sehnsucht
nach Gestern
stillt die Träne der Selbst-
täuschung:
mühevoll zu erblicken
50 das Neue
ist die Kraft die zum Leben
drängt.

ARBEITSANREGUNGEN

1. Was verstehen Sie unter **Integration**? Schreiben Sie zwei oder drei Aspekte auf Karten. Tragen Sie alle Karten Ihres Kurses zusammen, heften Sie sie an eine Pinnwand und strukturieren Sie sie. Gelingt es Ihnen, ein gemeinsames Verständnis des Begriffs zu erarbeiten?
2. Was versteht Gino Chiellino unter Integration? Wie steht er dazu?
3. Gino Chiellino benutzt freie Verse, doch bezeichnet er die Thesen zur Integration als Ballade. Versuchen Sie, dies zu erklären. Ist es ein Widerspruch?
4. Was würden Sie vermissen, wenn Sie aus Deutschland weggehen müssten? Wovon wäre es abhängig? Schreiben Sie Listen und tauschen Sie sich im Kurs über Ihre „Listen" aus.

Gino Chiellino

Nach Cosenza, ohne Proust[1]

VI Gewiss ist die Fremde kein Haus

Gewiss ist die Fremde
kein Haus
in dem du beim Aufräumen
die Nadel für die Leinenarbeit
5 wiederfinden kannst
sie wurde vermisst seit dem letzten
Saum für die Tücher
die er zusammen mit sich
in den Holzkoffer legte
10 dabei zeigte er
auf die Katze
      sie stand auf der Türschwelle
      zurückgekehrt von der Nachtjagd
      satt an Eidechsen

15 Aber er ist keine Nadel für Leinenarbeit
der Mensch muss lebend fühlen
und glücklich
soll er sein
wenn das neue Leben ihn
20 fern von uns hält
ihn zwingt, mit einer neu
bestellten Vergangenheit zu leben

Dort gibt es kaum einen Platz für uns
in seinem Haus in der Fremde.

1 **Marcel Proust** (1871–1922): französischer Schriftsteller, dessen Hauptwerk „A la recherche du temps perdu – Auf der Suche nach der verlorenen Zeit" (1913–1927 in 15 Bänden erschienen) als zentrales Thema das Erinnern, das Wiederfinden der im Unbewusstsein versunkenen Welt, umkreist.

Gino Chiellino

für Rose Ausländer

es ist an der Zeit
sich die Fremde zu nehmen

nimm
den Apfel an
und
verteile
das Wort

Gino Chiellino

Um der Integration näherzukommen

es riecht nach Verrat
an den Schwächeren
unter uns
diese trügerische Belohnung
5 der Anpassung
versteckt vor den anderen
nutzlos
den Konflikt
tief vergraben in der Hosentasche

10 Nein!
am Ende des Ausländergesetzes
und meiner Unsicherheit
wird
kein deutscher Pass
15   stehen
ich selber vor der Zukunft
der greifbaren Zukunft der Kinder
meiner Kinder
und
20 durch keine neue Grenze
verfälscht.

B 4 Interkulturelle Lyrik – Schreiben in zwei Sprachen

Gino Chiellino

Ortsbestimmung

Meine Fremde

Meine Fremde ist ein Ort
sie liegt Nord
Nord-West von mir
sie heißt Deutschland.

Meine Fremde ist eine Zeit
sie geht durch mich hindurch
und wird zu Geschichte
        an einem Ort, wo
Erzählungen aus dem Leben
von Webern und Teppichknüpfern
sich zu Arabesken schlingen
wo selbst die Schatten
zu Farben werden
        dort ist meine Fremde.

ARBEITSANREGUNGEN

1. Bilden Sie Kleingruppen.
   Lesen Sie jedes Gedicht nacheinander mehrmals entweder leise für sich oder bestimmen Sie jemanden, der das Gedicht mehrmals laut vorliest. Schließen Sie die Augen und assoziieren Sie Geräusche, Gerüche, Farben. Notieren Sie Ihre Eindrücke und tauschen Sie sich anschließend mit den anderen Gruppenmitgliedern darüber aus. Sind Ihre Hörerfahrungen und Farbassoziationen unterschiedlich, ähneln sie sich, wodurch wurden sie ausgelöst?
2. In allen hier abgedruckten Gedichten setzt sich Gino Chiellino mit der Situation des Lebens in der Fremde auseinander. Suchen Sie Aspekte, unter denen diese Gedichte vergleichbar sind. Lassen sich alle gleich gut miteinander vergleichen?

Gino Chiellino

Werkstattgespräch (1991)

Ich muss von Anfang an sagen: Die Entscheidung für die fremde Sprache, die ich schreibe, also die deutsche Sprache, ist niemals eine Entscheidung gegen meine Muttersprache gewesen. Ich habe also nicht die Muttersprache mit einer fremden Sprache ausgetauscht.
Meine Meinung ist, dass die deutsche Sprache bis jetzt nicht die Erfahrung gemacht hat, die Fremde, diese kulturelle Fremde hier, auszudrücken.

Also sage ich: Ich schreibe eine fremde Sprache, die sich der Fremde gegenüber öffnen muss. Wie kann das geschehen? Zum Beispiel, indem man neue Metaphern in dieser Sprache entwickelt. Es geht ja nicht darum, die italienischen Metaphern in die deutsche Sprache hineinzubringen. Es geht darum, ganz genau zu beschreiben, wie das Leben in der Fremde sich gestaltet, welche Wünsche ich habe, die ich in diese deutsche Sprache hineintragen kann, und wie ich mich als Fremder in dieser Sprache geborgen fühlen kann.

ARBEITSANREGUNGEN

1. Wählen Sie eines der Gedichte aus und untersuchen Sie vor allem die verwendeten **Bilder**.
2. Bestätigen Gino Chiellinos lyrische Texte seine theoretischen Ausführungen im Werkstattgespräch?
3. Chiellino ist Literaturwissenschaftler, er bezieht sich in einem Gedicht auf Proust, in einem anderen auf Rose Ausländer (Seite 70). Vergleichen Sie Chiellinos Texte mit denen von Rose Ausländer (Seite 49 und Seite 52) und versuchen Sie herauszufinden, warum er sich gerade auf sie bezieht.

Franco Biondi, geboren 1947 in Forlì, Italien. 1955–1961 erste Erfahrungen der Heimatlosigkeit als Kind einer Schaustellerfamilie. Ausbildung zum Schlosser und Elektroschweißer. 1965 Emigration in die Bundesrepublik, Tätigkeit als „Gastarbeiter" in verschiedenen Berufen, daneben mittlere Reife und Abitur in Abendkursen. 1976–1982 Studium der Psychologie. Franco Biondi arbeitet als Familientherapeut in Hanau.

Franco Biondi

Franco Biondi
Ode an die Fremde (1986)
6.

In dieser Zeit voller Klischees
werde ich euch ein weiteres anbieten:
Ich liebe die Fremde
dieses Gefühl des Nirgendwodazugehörens
5 und des Immervonneuemausgeschlossenseins
Wenn ihr euch plötzlich
zu sehr naht
Freunde
wenn ihr plötzlich euer Mehrheitsdenken
10 über mich ausbreitet
wenn ihr auf einmal
mich an der empfindlichsten Stelle trefft
ist sie die Fremde
mein Schutz
15 und meine Waffe zugleich
der anonyme Ort meiner Selbstbehauptung
deshalb bin ich solange es geht
in ihren Armen
mit sämtlichen Sinnen an sie geheftet
20 wie ein eifersüchtiger Liebhaber
und lasse mich von ihr wiegen und abgrenzen
Dabei bin ich der Fremde völlig gleichgültig

ARBEITSANREGUNGEN

1. Franco Biondi beschreibt seine Erfahrung mit der Fremde ganz anders als Gino Chiellino. Versuchen Sie, seine Haltung in Ihren eigenen Worten darzustellen.
2. Welche besonderen sprachlichen Mittel fallen Ihnen auf?
3. Untersuchen Sie den Satzbau und die Bilder in der „Ode an die Fremde".

Franco Biondi

„Wie sind Sie zum Deutschen gekommen?" (Auszug aus einem Interview, 1987)

Das kam nach und nach. Das hat sich so entwickelt, dass ich gespürt habe, dass es nicht mehr möglich sein würde, italienisch zu schreiben. Es war ein Zustand, als ich eine
5 relative Isolation von der deutschen Wirklichkeit erlebt habe, wenn ich italienisch schrieb. Das heißt also, dass eine größere Übereinstimmung zwischen mir und Realität und Alltag vorhanden ist, wenn ich in deutscher
10 Sprache schreibe. Und ich habe auch so ein Gefühl gehabt, dass dann, wenn ich italienisch schreibe, wesentliche Erfahrungen ausgeklammert werden.

Der deutsche Alltag bot eine Reihe von Grunderfahrungen an, für die ich kein italie- 15 nisches Wort gefunden habe. Und das ist immer mehr geworden. Wobei die Grenzen zwischen Italienisch und Deutsch fließend geblieben sind.

Inzwischen habe ich im Laufe der Jahre die 20 Annäherungen zum Italienischen wiedergefunden. Eine Zurückeroberung der ursprünglichen Sprache hat auch durch die Auseinandersetzung mit der deutschen Sprache stattgefunden … ein ganz schwieriger Pro- 25 zess, wo mir auch die Worte fehlen, es darzustellen.

ARBEITSANREGUNGEN

1. Vergleichen Sie Biondis Begründung, warum er **Deutsch** schreibt, mit der Gino Chiellinos (Seite 71). Greifen Sie anschließend zurück auf die Gedichte auf Seite 11–14 ▷ „Wenn einer Dichtung droht Zusammenbruch …" und vergleichen Sie die dort formulierten Positionen mit denen Franco Biondis.
2. Sicher gibt es in Ihrem Kurs, in Ihrer Jahrgangsstufe Schülerinnen und Schüler, die auch in zwei oder sogar mehr Sprachen zu Hause sind oder Dialekt sprechen. Tauschen Sie sich über Ihre Erfahrungen aus. Gibt es Dinge, Themen, die sich in einer der beiden Sprachen oder im Dialekt „besser" sagen lassen?

Franco Biondi

Sprachfelder 1 (1982)

In meinem Kopf
haben sich die Grenzen zweier Sprachen
verwischt

doch
zwischen mir
und mir

verläuft noch
der Trennzaun
der Wunden zurücklässt

jedesmal
wenn ich ihn
öffne.

ARBEITSANREGUNGEN

1. Interpretieren Sie dieses Gedicht und beziehen Sie dabei die Informationen ein, die Sie inzwischen über Franco Biondi haben.
2. Schreiben Sie selbst ein Gedicht, in dem Sie zum Ausdruck zu bringen versuchen, was **Sprache** (Muttersprache, Heimatdialekt, Fremdsprachen) für Sie bedeutet.

Die zweite Generation …

Viele „Gastarbeiter" der ersten Generation blieben in Deutschland. Ihre Kinder wurden in Deutschland geboren, besuchten deutsche Schulen und wuchsen hier auf. Manche haben einen deutschen Pass, wenn ihre Eltern sich haben einbürgern lassen, viele haben aber die Nationalität ihrer Eltern, ohne jemals in deren Herkunftsland gelebt zu haben. So entsteht für diese Gastarbeiterkinder der zweiten und oft auch der dritten Generation eine ganz eigene Situation, nämlich die, dass sie auf ganz andere Weise zwischen zwei Kulturen stehen: Die ihrer Eltern ist ihnen nicht wirklich vertraut, die, in der sie leben, betrachtet sie als Fremde.

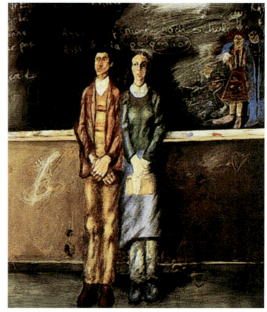

Hanefi Yeter: Analphabeten in zwei Sprachen. Öl auf Leinwand, 1978

Conchita Hernando
wo liegt unsere sehnsucht

unsere eltern haben ihre alte heimat verlassen
und keine neue gefunden

ihre alte heimat ist keine heimat mehr
aber sie lebt weiter in ihrer sehnsucht

5 wo sollen wir unsere heimat suchen
in der alten heimat unserer eltern
die wir nicht kennen
oder hier
wo wir als fremde aufgewachsen sind

10 wir haben keine heimat
nur unsere gedanken

unseren eltern bleibt die sehnsucht
uns nicht einmal das

José F. A. Oliver
Woher

Identitätskrise
sagt man

der „2. Generation" nach

Identitätskrise

Wie kann man
von einer Krise sprechen

wenn es niemals
eine
Identität

für uns gab

B 4 Interkulturelle Lyrik – Schreiben in zwei Sprachen

Immacolata Amodeo

Das deutsche Fräulein aus Kalabrien (1983)

Bei den Studiengebühren wirkt es sich aus
ich bezahle die Hälfte
mein Vater ist Gastarbeiter in Deutschland
ich habe Eurocheques
5 zehre von meiner Vergangenheit
ja meine Mutter lebt in Kalabrien
seit einem Jahr
mein Vater in Deutschland
ist Gastarbeiter
10 ich bin Deutsche mit italienischem Pass
und deutschem Abitur
verwechsle die italienischen Provinzen
das ist verzeihlich
Italien habe ich nur kurz durchgenommen
15 in der Schule
la signorina tedesca calabrese
hat türkische Freunde
in Deutschland
sie leben in Wohnheimen für Ausländer
20 mein Vater hat einen Schichtkalender
und ist integriert
la signorina tedesca calabrese
spricht fließend Deutsch
Italienisch mit Akzent
25 sie ist Ausländerin
in Deutschland
in Italien
eine Kuriosität.

Gino Chiellino

In dem Land meiner Kinder

In dem Land meiner Kinder
werde ich keine Wurzeln schlagen.

Ich gehöre der Fremde
sie ist aus Gedanken.

Die hängengebliebene Erde
schützt meine Luftwurzeln
vorm Verdorren
und warum nicht
sich
in den Wurzeln der Kinder
verfangen?

ARBEITSANREGUNGEN

1. Beschreiben Sie die **Probleme** der „Gastarbeiterkinder der zweiten Generation", die in den Gedichten genannt werden.
2. Formulieren Sie die Unterschiede zu den Gedichten von den Autoren der „ersten Generation", die Sie bereits kennen gelernt haben.
3. Wählen Sie eines der voranstehenden Gedichte aus und interpretieren Sie es inhaltlich und formal.

Gino Chiellino

Notate

Ohne Vater

Ohne Vater
und Vaterland
waren meine Jahre, Tochter,
und die Stimmen ohne Macht.

5 In meinen Tagen
hingen keine Bilder
ich konnte jede Tür
hinter mir schließen.

Die Uhr gehorchte
10 stets meiner Stunde
der Horizont
meinen Schritten, und
wen scherte die Ferne?

Verspätete Einsichten
15 stehen meinem Schnurrbart
nicht, ohne Vater
und Vaterland sei
deine Zeit, Tochter.

ARBEITSANREGUNG

Vergleichen Sie diese Gedichte eines Einwanderers der ersten Generation mit den oben abgedruckten Texten der zweiten Generation. Arbeiten Sie Gemeinsamkeiten und/oder Unterschiede heraus.

4.2 „Wo ich sterbe, ist meine Fremde" ...
Exil in Deutschland heute

Die Situation des im Exil Lebenden, der sein Land nicht freiwillig verlässt, unterscheidet sich sehr von der eines Arbeitsmigranten.

Leben und Schreiben in der Fremdsprache

Ota Filip
O du mein liebes fremd-
sprachiges Land (1997)

Auch nach fünfundzwanzig Jahren in der Bundesrepublik Deutschland werde ich immer wieder mit der pathetischen Frage belästigt, ob ich mich in der Fremde nicht entwurzelt fühle und ob ich meine Verwurzelung in der heimatlichen tschechisch-mährischen Erde nicht vermisse.

Man erwartet von mir eine sentimental-melancholische, weinerliche Antwort etwa in dem Sinne, dass ich mich in der deutschen Fremde entwurzelt und ausgetrocknet fühle, dass ich hier nicht verstanden, ja ständig auf eine kränkende Art und Weise übersehen oder gar beleidigt werde.

Ich verwirre sie, indem ich auf ihre Frage nach meinen Wurzeln antworte: Ich bin weder ein Baum noch eine zarte, auf fremde Pflege oder auf Berieselung mit wärmendem Mitleid angewiesene Zierpflanze, ich habe keine Wurzeln nötig. Ich bin ein Mensch, ein zeitgenössischer Nomade zwischen drei europäischen Sprachen und zwei europäischen Kulturen. Ich habe weder eine Heimat noch ein Vaterland nötig.

Wenn man die Heimat und das Vaterland, egal, ob freiwillig oder gezwungen, verlässt, verliert man zwar nicht alles, dennoch viel.

Aber man gewinnt in der Fremde einen neuen Reichtum! Das Leben in der Fremde ist wunderbar! Man ist fremd, man ist wie neugeboren, man hat keine Heimat und kein Vaterland mehr. Was für ein berauschendes Gefühl der Freiheit, endlich nicht mehr diesen heimtückischen Ludern namens Heimat und Vaterland zu gehören! Man kann endlich frei über sich selbst entscheiden, frei eine neue Heimat wählen, vom pathetischen Pflichtpatriotismus befreit, eine neue Sprache wählen, und das nicht nur einmal, sondern immer wieder!

Und was für Unfug wird mit der Muttersprache getrieben, wie wird sie mystifiziert, als unersetzlich bewertet!

Nein, man darf die Muttersprache nicht aufgeben, aber wir müssen, wenn wir als schreibende Künstler in der Fremde überleben wollen, die Muttersprachen unserer fremdsprachigen Nächsten lernen.

Mit einer jeden neuen Sprache, die wir erlernen und als einen willkommenen Gast in uns und auch in unsere Literatur aufnehmen, öffnet sich für uns in der neuen, wunderlichen Welt eine neue Geschichte, eine neue Kultur, kurzum ein neues Leben!

Ilija Trojanow
Ich bin deutscher als ein Großteil
der Passauer (1997)

Würde es Sie verwundern, wenn ich behaupten würde, ich sei deutscher als ein Großteil der Deutschen, die ich kenne?

Ich bin auf jeden Fall deutscher als jeder Wolgadeutsche, ich bin deutscher als die meisten Banatdeutschen, ich bin wahrscheinlich deutscher als der Großteil der Bevölkerung von Bremerhaven, und ich bin sicherlich deutscher als der Großteil der Bevölkerung von Passau.

Wieso bin ich deutscher als der Großteil der Bevölkerung von Passau? Vor allem, weil ich erheblich besser Deutsch kann als der Großteil der Bevölkerung von Passau. Darüber hinaus kenne ich mich mit deutscher Geschichte erheblich besser aus als der Großteil der Bevölkerung von Passau, ich kenne mich in deutscher Literatur besser aus.

Bahman Nirumand

Zerrissen zwischen zwei Kulturen
(1997)

Bahman Nirumand kam mit 15 Jahren nach Deutschland. Er besuchte das Internat der Herrnhuter Brüdergemeinde in Korntal bei Stuttgart und studierte anschließend Germanistik und Philosophie. Nach dem Studium kehrte er in den Iran zurück, engagierte sich politisch und musste vor der drohenden Verhaftung nach Deutschland fliehen. Vierzehn Jahre lebte er in Berlin. Er versuchte 1979 noch einmal, im Iran zu leben, musste nach drei Jahren jedoch wieder das Land verlassen.

Merkwürdigerweise spürte ich erst nach dieser zweiten Flucht tatsächlich das Leben im Exil. Land und Leute waren mir eigentlich vertraut, Probleme mit der Sprache hatte ich
5 nicht, und ich hatte einen Verlag, bei dem ich alles, was ich wollte, veröffentlichen konnte. Und doch fühlte ich mich unsagbar fremd und einsam.
Ich habe damals in den ersten Jahren nach der
10 Rückkehr folgende Sätze notiert: Als Exilant stehst du immer außerhalb der Gesellschaft, du hoffst, dass sich dein Leben von heute auf morgen grundlegend verändert. Selbst wenn du einen Beruf ausübst, eine Familie hast, ist dein Leben ein Provisorium. Täglich schlägst 15 du die Zeitung auf, die kleinen Nachrichten interessieren dich nicht. Es ist dir gleichgültig, was mit der Stadt geschieht, in der du gerade rein zufällig lebst. Die Diskussionen um den Bau einer Straße, eines Schwimmbads, eines 20 Einkaufszentrums, die Einführung etwaiger Gesetze und Bestimmungen oder gar ein Regierungswechsel sind in Wirklichkeit für dich belanglos. Sie sind Randerscheinungen, die deine Existenz nicht berühren, sie lang- 25 weilen dich.
Ich habe damals, in den ersten Jahren nach der Rückkehr, diese Sätze notiert. Diese Gefühle schleichen sich immer wieder ein. Ich empfinde oft, fremd zu sein, keinen Boden un- 30 ter den Füßen zu haben. Zerrissen und zermürbt zu werden zwischen zwei Welten, zwei Kulturen.

Khalid Al-Maaly

Abwesend anwesend.– (1997)

In Deutschland angekommen, musste ich drei Jahre im Asylantenheim leben, wo ich eher das Leben eines Abwesenden geführt habe. Die folgenden Jahre mit der Möglichkeit, die
5 Sprache zu lernen, brachten ein wenig Zufriedenheit: Die Farben schimmerten allmählich hervor auf der Tafel und bekamen feste Konturen.
Dieses Gefühl währte nur kurz. Schnell zeigte
10 es sich, wie schwierig es ist, in einer Sprache zu dichten, mit der man keine eigene Geschichte hat. Und es trat die Notwendigkeit zur Veränderung hervor, und die Schwierigkeit, diesen Geschmack und diesen Geruch zu
15 akzeptieren. Denn viele Dinge verschwinden, und andere, die kommen, müssen entdeckt werden. Wie groß ist der Unterschied zwischen dem arabischen und dem deutschen Wort für Regen oder der Unterschied zwi- schen einem Dattelhain und einem deutschen 20 Wald.
Es ist eine dunkle Strecke und ein langer Korridor, den ich durchschreiten muss, um zum anderen Ufer zu gelangen
Meine Empfindungen pendeln zwischen den 25 beiden Sprachen hin und her. Es ist ein Prozess des Schmuggelns. Die Fläche, die mir theoretisch überlassen wird, ist diejenige, die die beiden Grenzstreifen voneinander trennt. Dort findet sich nun mein Leben, in dem ihm 30 aufgezwungenen Rahmen. Es ist das Leben von jemand, der auf keinem Stück Erde oder in einer zweiten Sprache Zuflucht findet, nur auf der Freifläche, die zwischen den Grenzen liegt. Und von dort aus schöpft er Wasser, vom Brun- 35 nen der Kindheit, dessen Wasser nicht versiegt. Er trinkt von dort, atmet die hiesige Luft ein und gießt seinen Garten im Niemandsland.

ARBEITSANREGUNGEN

1. Lesen Sie die vier unterschiedlichen Aussagen zur Situation Exilierter (Seite 76–77) und halten Sie jeweils stichwortartig die wesentlichen Aspekte fest.
2. Versuchen Sie, die Themen der vier Texte jeweils in nur einem Satz zu formulieren.

INFOBLOCK

EXEMPLARISCHE INTERPRETATION INTERKULTURELLER LYRIK

Dragica Rajčič wurde 1959 in Split (Kroatien) geboren, Aufenthalte in Australien und, ab 1978, der Schweiz, 1988 Rückkehr nach Kroatien, 1991 nach Ausbruch des Krieges Flucht in die Schweiz, publizierte Gedichte, Dramen und Kurzprosa.
Dragica Rajčič spricht mit ihrer Familie auch in der Schweiz den dalmatischen Dialekt Ikavica. Sie denkt aber beim Schreiben ihrer Gedichte deutsch und schreibt ihre Gedichte so auf, wie sie sie denkt. Sie lässt sie nicht korrigieren und nicht lektorieren, obwohl ihr Deutsch nicht völlig der Sprachnorm entspricht. Sie möchte also, dass ihre Gedichte genau so, wie sie sie sich vorstellt, gedruckt werden, sie sollen nicht ein Sprachniveau vortäuschen, das die Autorin selbst nicht hat. Sie sagte in einem Interview: „Die Tatsache, dass ich nicht in meiner Muttersprache schreibe, schützt mich vor jeder Anpassung."

Dragica Rajčič
Emigranten

Beim ersten Lesen des Gedichts fallen mehrere Besonderheiten auf: Vier Langverse leiten es ein, ihnen folgen sieben Kurzverse, mit denen sie gemeinsam die erste Strophe bilden. Die zweite Strophe besteht aus drei Versen mittlerer Länge. Alle Wörter, auch Substantive, Satzanfänge und Versanfänge, sind kleingeschrieben – bis auf das Wort „Lied" in Vers 11, das dadurch herausgehoben ist; ähnlich herausgehoben ist das Wort „stoss" in Vers 6, das in seiner Form als 3. Person Singular Präteritum gegen die Sprachrichtigkeit verstößt; das zu erwartende Wort wäre „stieß".

Es wird eine Situation skizziert, in der unpersönlich über Verschiedenes gesprochen wird, mehrere Personen, zu denen das lyrische Ich selbst auch gehört („wir" V 4), das diese jedoch distanziert beobachtet, scheinen sich über Erinnerungen zu unterhalten, von der Zeit (im Sinne von Zeitläuften) über die Menschen bis hin zur Natur reichen die Themen. „von der zeit war die rede und immer wieder vom krieg und entgegenhalten", „zeit", „krieg" und „entgegenhalten" werden nicht genauer bestimmt, wobei die beigeordneten Begriffe „krieg" und „entgegenhalten" als Unterthemen des Themas „zeit" verstanden werden. In Vers 2 wird „von menschen war die rede" durch die beiordnende Konjunktion „und" ergänzt um „und von kindern welche nicht mehr da sind" und durch das Attribut in Form des Relativsatzes eine genauere Aussage gemacht. In Vers 3 wird die Natur durch zwei Elemente repräsentiert: Wasser – „meer" und Luft – „wind", wobei auch hier durch die Genitiv-attributfügung „von gerüchen des windes" eine genauere Bestimmung vorgenommen wird, so als werde die Erinnerung immer intensiver, je mehr sie sich Elementarem nähert. Es bleibt aber nicht bei einem Trikolon, sondern die Reihung wird durch einen weiteren, gleich strukturierten Vers ergänzt, der für den Leser sehr überraschend mit den Worten „von fleisch war die rede" beginnt, deren Bedeutung unklar bleibt: Ist von Nahrung die Rede – und würde damit die Linie der Erinnerungen wieder zum Konkreten zurückgeführt – oder von Tod – und der Vers würde sich an den ersten Vers („krieg") und den zweiten Vers („kinder welche nicht mehr da sind") anschließen? Die zweite Vershälfte gibt in gewissem Sinne einen Hinweis: Chiastisch verschränkt wird die Situation der beobachteten Personen, die hier das erste Mal persönlich benannt werden, beschrieben als „von dem dass wir immer wieder dort und hier nie sind". Das „immer wieder" nimmt Vers 1 wieder auf und bindet dieses „immer-wieder-dort"-Sein an den Krieg, verschränkt Ort und Zeit und lässt die Deutung zu, dass das „fleisch" möglicherweise die als seelenlos empfundene Existenz der Emigranten bezeichnet, die in Gedanken mehr in ihrer Heimat („immer wieder dort") und noch nicht in ihrer neuen Realität des Exils angekommen sind („hier nie").

Mit diesem Sprechen über die eigene Situation wird die Nennung der Gesprächsthemen abgeschlossen. Offenbar führt dieses Sprechen über die aktuelle Situation zum Verlust der Gemeinsamkeit zwischen den sich unterhaltenden und erinnernden Individuen, denn nun stehen sich „rede" und „widerrede" gegenüber, betont durch das regelverletzende „stoss". Eingeleitet wird dieser erste Kurzvers mit „und", schließt sich also an die Struktur der vorhergehenden Verse an. Die Erwartungshaltung, dass ein weiteres Gesprächsthema gereiht werden könnte, wird jedoch durch die Konjunktion „als" gestört. Syntaktisch erwartet man danach den Hauptsatz, der Satz wird jedoch durch einen zweiten Temporalsatz fortgeführt, dessen Subjekt ein Trikolon bildet, „köpfe rot/hälse trocken/lungen voll von Schmerz" (Verse 8–10). Die Menschen werden verdinglicht, zerfallen in Körperteile, die nachgestellten und daher unflektierten Adjektivattribute vermitteln den Eindruck, als handle es sich um Ellipsen. Der Blick des Lesers, der den distanziert wahrnehmenden Blick des lyrischen Ichs einnimmt, wird von oben nach unten, vom Kopf über die Hälse zu den Lungen, von außen nach innen und vom sinnlich Wahrnehmbaren über das Sichtbare („rot") und das Spürbare („trocken") zum Empfundenen („voll von Schmerz") geführt, das sich im letzten Vers der ersten Strophe wieder nach außen kehrt, der Schmerz findet in einem „Lied" Ausdruck. Die Menschen finden darin wieder zu einer Einheit, die Körperteile „gossen" sich in ein Lied und es kommt auch wieder zu einer Gemeinsamkeit der Menschen, die durch „rede" und „widerrede" verloren gegangen war. Das einsilbige, ungrammatische „stoss" aus Vers 6 findet einen harmonisierenden Widerhall im zweisilbigen, grammatischen „gossen".

Die hier erreichte Harmonie bildet aber mitnichten den Abschluss des Gedichts, denn noch fehlt syntaktisch der Hauptsatz, der die Temporalsätze abschließen muss. Nach einer durch die folgende Leerzeile ermöglichten Atempause, die uns diesen Zustand kurz genießen lässt und die Spannung hält auf den erwarteten Hauptsatz hin, wird vielmehr diese Erwartung durch einen in Klammern gesetzten Einschub wieder enttäuscht, dessen erstes Wort sich lautlich an das „gossen" in Vers 11 und das „stoss" in Vers 6 anlehnt und nun dreisilbig mit „verstossen" die Harmonie wieder zerstört. Denn der Inhalt des die Stimmen, also die wieder unpersönlich gewordenen Sänger, einenden Liedes spricht von gewaltsamer Trennung. Der in Vers 5 begonnene Satz ist damit aber noch immer nicht zu Ende geführt und er wird auch nicht mehr zu Ende geführt.

Denn die beiden abschließenden Verse bringen einen völlig neuen Hauptsatz, der eine ganz neue Situation beschreibt und nun das lyrische Ich selbst zu Wort kommen lässt, das im Gegensatz zu dem vorher beschriebenen „wir" mit sich identisch zu sein scheint und selbst handelt: „ich gab dir meine hand" (Vers 13). Auch wenn dieses Ich nicht offen handeln darf, die Gemeinsamkeit mit dem „du" „unter dem tisch" den Blicken der anderen entzogen bleiben muss, so hat das Handeln des Ichs mit dem finalen Adverbial „um mit dir zu singen" einen klaren Zweck. Das Singen des lyrischen Ichs ist nicht Ausdruck des Verstoßenseins und des Verlusts von Identität wie für die anderen „stimmen", dient nicht der Mitteilung des Schmerzes, sondern das Singen konstituiert die Gemeinsamkeit mit dem „du". Nur in der Gemeinsamkeit mit einem „du", in der Liebe, kann also der Schmerz, der Verlust, das „immer wieder dort und nie hier"-Sein überwunden werden.

Insofern ist das „Lied" nicht nur Mittelpunkt des Textes, weil das Lied gemeinsame Ausdrucksmöglichkeit für den völligen Selbstverlust der Emigranten ist, sondern weil es Gemeinsamkeit mit dem „du" ermöglicht.

Für die Emigranten hat das Lied Bedeutung als Ausdrucksmöglichkeit des Schmerzes, als Programmkunst, ihre Stimmen singen, es singt aus ihnen, diese Kunst gibt ihnen aber ihre Identität nicht wieder, sondern verstärkt nur den Eindruck des Selbstverlustes und der Selbstentfremdung, wofür auch der grammatisch unvollständige Satz Ausdruck ist. Für das lyrische Ich ist das Singen ein aktives Tun, das in der hier erneut verwendeten chiastischen Fügung „sang mit dir um mit dir zu singen" das Handgeben unter dem Tisch spiegelt und eine Einheit beschwört, die nur in der Kunst möglich ist. Unterstützt wird diese unterschiedliche Bedeutung des Liedes auch durch die Assonanz der letzten Wörter in Vers 12 und 14 „stimmen" und „singen", die genau diese beiden Kunstformen miteinander in Verbindung bringen und gleichzeitig voneinander absetzen. Nicht zufällig ist das letzte Wort dieses Gedichts, das auffälligerweise aus 14 Versen, also der Verszahl eines Sonetts, besteht, „singen". Und nicht zufällig sind die letzten beiden Verse inhaltlich deutlich abgesetzt wie die letzten beiden Verse, das Couplet, bei einem englischen Sonett, fast als Antithese zur Schilderung der unerlösten Emigranten. Darüber hinaus löst das Polyptoton im letzten Vers („sang" – „zu singen") das Geschehen von der Schilderung eines Zustandes im Präteritum und gibt ihm durch das finale Adverbial eine futurische Dimension. So zeigt sich, dass dieses Gedicht in einem tieferen Sinn ein poetologisches Gedicht ist.

Dragica Rajčič

Statistik

Reich
reich ist dies land
wer hören will
kauft sich hörgerat
5 satt ist der bauch
weis der hemd
kein honigwein aber
lebkuchen überall

woran liegt es
10 das ich nicht schreiben kann
reich sind wir?

Dragica Rajčič

Ein Haus, nirgends

wenn
stück
für stück
glaube
5 von Wortern
herunter fehlt
was
mache ich dort
was mache ich da
10 ich sammle Silben
baue Ihnen
ein haus, nirgends

Dragica Rajčič

Entschuldigung

nicht böse sein
begreifen lernen
Begriffe
wie
5 unbrauchbar
nicht jedersmann Gesicht
reden ausschlisen
sich für
alles was Du denkst
10 sofort
entschuldigen
dies ist nicht
Deine Haustür
so sei froh
15 das schweigen darfst
zwischen schweigende mehrheit
wenn Dich jemand zufelig fragt
wie geht es Dir
lerne Antworten
20 Danke bin froh
vergesse noch paar Worte
fluchen auf Ihnen
unbegreiflichen Qwaslmasl sprache
sonst werdest Du mit vermerk
25 unanstendig ausgewisen

Dragica Rajčič

Hunderste gedicht ohne trenen

noch immer bin ich nicht richtig von hier
von hier richtig sehe ich
das ich von irgends komme
kein Buch nimmt sich meiner an
5 kein Brandanschlag verbrennt
uns alle
wir sind eine art schlimme
befruchtung
tauchen unter
10 lernen schwimmen
ringen mit gegnern in spigeln
schlagen wurzeln über die erde
was wechst ist kraut
über feuerwunden
15 noch immer wird mir täglich zwei mall
mein ursprung aufgetischt
aber sie sprechen schon
gut deutch (sic)
konnte ich nicht deutch (sic)
20 hette ich nihts verstanden
das ich so anderes bin.

Dragica Rajčič

Ich habe zwei sprachen hinten
beiden Ohren
und das ist aufregender
als vier Ohren hinten eine sprache
5 namlich
Zug ist schon lange abgefahren
so kann ich zwei mall sagen
zug ist abgefahren
so haltet Zug in mir langer

ARBEITSANREGUNGEN

Wählen Sie eines der Gedichte von Dragica Rajčič aus. Finden Sie sich mit den anderen Ihres Kurses, die dasselbe Gedicht ausgewählt haben, zu einer Gruppe zusammen und erarbeiten Sie gemeinsam die folgenden Aufgaben:

1. Informieren Sie sich gegenseitig über die Gründe, die zur Wahl Ihres Gedichtes geführt haben. Halten Sie die Gründe schriftlich fest.
2. Für Dragica Rajčič sind Rhythmus, Klang, Bedeutung und Beziehung der Worte besonders wichtig. Überprüfen Sie, inwiefern das für das von Ihnen gewählte Gedicht zutrifft.
3. Untersuchen Sie die Sprache. Welche Verstöße gegen die Sprachnorm können Sie feststellen (Gebrauch des Artikels, Flexionsformen, Rechtschreibung? Bedenken Sie dabei, dass Dragica Rajčič in der Schweiz lebt, in der es kein ß gibt. Treten die Verstöße konsequent auf? Versuchen Sie, Ihre Beobachtungen zu deuten.

B Heimatverlust und Exil

4. a) Beziehen Sie die biografischen Informationen (Seite 78) auf Ihren Text. Wie sind die **Verstöße gegen die Sprachnorm** zu deuten?

b) Nachfolgend sind zwei Fassungen eines Gedichts abgedruckt, die beide von Dragica Rajčič stammen:

Vertreibung

mein Bruder Soldat hat das zerbrochene Foto
seines Freundes im Schlafzimmer gefunden und
später
beim Schiessen seine Augen
in der Hosentasche versteckt
>   *(Gedruckt in: post bellum. Zürich 2000, Seite 13)*

vertreibung

mein bruder soldat hat zerbrochene foto
seines freundes in der schlaffzimmer gefunden und spaeter
beim schissen seine augen
in der hosen Tasche versteckt.
>   *(Gedruckt in: INN. Zeitschrift für Literatur, 13. Jahrgang, Nr. 36, Mai 1996, Seite 34)*

Vergleichen Sie die beiden Gedichte miteinander.

5. Diskutieren Sie, was **sprachliche Anpassung** oder Nichtanpassung für den Exilierten bedeuten kann. Bedenken Sie dabei, dass es viele in Deutschland lebende Autorinnen und Autoren gibt, die deutsch schreiben, aber auch andere, die ihre Werke in ihrer Muttersprache verfassen und dann übersetzen lassen. Am Rande: Auch von den Emigranten, die Deutschland unter den Nationalsozialisten verließen, schrieben viele weiterhin in ihrer Muttersprache.

Auf dem Seil tanzen

Cyrus Atabay wurde 1929 in Teheran geboren, kam 1937 nach Berlin, nach 1945 lebte er im Iran und in der Schweiz und ab 1952 wieder in Deutschland. Nach dem Studium der Literaturwissenschaft wechselnde Wohnorte in Europa und im Iran. Nach der iranischen Revolution 1978 staatenlos geworden, erhielt er in England Asyl. Seit 1983 als freier Schriftsteller in München, wo er 1996 starb.

Cyrus Atabay
Ein gelernter Deutschböhme

EINE Waise,
nach dem Kap der guten Hoffnung
verschickt,
alle Abschiede
liegen schon hinter ihr.
Ihr wurde eine Reise zugetraut,
auf der sie zuletzt
ihre Herkunft erfuhr.

ARBEITSANREGUNG

Deuten Sie das Gedicht.

Cyrus Atabay
Selbstauskunft

Mein Vater hatte in den dreißiger Jahren in Berlin an der Charité Medizin studiert und bei Sauerbruch promoviert. Er beschloss, seine zwei Söhne in Deutschland erziehen zu lassen. Ein solcher Entschluss wäre unverantwortlich, hätte man ein Kind aus einer Geborgenheit gerissen. Doch ich war in einer magischen Welt aufgewachsen, in der das Bedrohliche vorherrschte. So vertauschte ich eine Benommenheit mit einer anderen, als ich 1937 nach Berlin kam. Durch die Schludrigkeit eines Vormunds, der die Möglichkeit, meinen Bruder und mich in die Schweiz zu bringen, ungenutzt ließ, blieb ich bis Kriegsende in Deutschland. Als ich im Sommer 1945, nach acht Jahren Trennung, wieder nach Persien kam, hatte ich die persische Sprache verlernt. Beschämt hörte ich die Fragen meiner Mutter in persischer Sprache, auf die ich nicht antworten konnte. Langsam wurde mir meine Muttersprache wieder vertraut, doch der Wiedergewinn an Sprache reichte nicht aus, um in einer Klasse meiner Altersgruppe eine persische Schule zu besuchen. Auf meinen Wunsch wurde ich in die Schweiz geschickt, um meinen Schulbesuch fortzusetzen.

ARBEITSANREGUNGEN
1. Setzen Sie die **Selbstaussage** Atabays in Beziehung zum Gedicht auf Seite 82. Warum wählt er dort die 3. Person?
2. Diskutieren Sie, ob biografische Informationen das Textverständnis vertiefen oder ob sie es im Gegenteil verengen.

Cyrus Atabay

DEIN Leben, es wurde
dein schwermütigstes Gedicht,
ein Echo hat sich
in ihm verfangen,
ein Hergewehtes –
an dieses Fremde
hast du dein Leben verloren.

Cyrus Atabay

Stockung an der Passkontrolle
du bist jetzt Emigrant zu Hause im
Woanders
Schönes Wort Vergangenheitsdasein
es gewährt dir Asyl ein Sommergarten
Bignonienranken hängen über das Gittertor
Feuerdorn säumt den Weg zum Haus
ein Wort wie ein Granatapfel
die Körner auf der Schwelle –
ein überlieferter Brauch
ist das Zugrundegehn
es söhnt dich aus mit allem

Cyrus Atabay, 1985

ARBEITSANREGUNGEN
1. Wie beschreibt Atabay die Situation des Exils?
2. Untersuchen und deuten Sie die Verteilung von **Hebungen** und **Senkungen** in „DEIN Leben…".
3. Deuten Sie die Bildlichkeit des Gartens in „Stockung…".

SAID (Pseudonym, bedeutet: der Glückliche) wurde 1947 in Teheran geboren, kam 1965 als Student nach München, sein politisches Engagement machte eine Rückkehr in den Iran unmöglich. Nach dem Sturz des Schahs kehrte er 1979 in den Iran zurück, sah aber unter dem fundamentalistischen Regime keine Möglichkeit für einen Neuanfang und kehrte nach wenigen Monaten ins deutsche Exil zurück. In den Jahren 2000–2002 als erster Ausländer Präsident des deutschen PEN-Clubs.

SAID

Immer wieder
umarmen wir uns,
umarmen den Glauben fest,
Dass wir hier sind.

Immer wieder
das alte Lied der Emigranten:
„Wenn wir zurückkehren,
gehören uns alle Gassen,
alle Gassen."
Die Emigration hält jung.

Ich habe gesehen
tausend Hände,
die nach einem Flugblatt schreien.
Im Exil suchten wir
mit tausend Flugblättern
nach einer Hand.

Geliebte,
auf diesen Straßen kann ich
nicht einmal deine Hand halten.
Wie verspottet hier
die Liebe ist.
Wo ich sterbe,
ist meine Fremde.

Immer wieder
falle ich den Menschen auf – als Fremder.
Woran liegt es?
An meinem Blick?
An meiner ungebügelten Hose?
Weil ich den Zeitungsverkäufer zuerst
    grüße?
Weil ich auch Frauen die Hand schütteln
    will?

Sind wir –
        die Heimkehrer –
eine eigene Rasse geworden?

SAID
Am Anfang

Exil.
Ich und das Flugzeug.
Einsteigen. Sitzen. Anschnallen. Fliegen.
Noch nie war ein Eisenvogel
so irdisch zu mir.
Noch nie war ein Vogel
so langsam wie dieser.
Abendessen. Eine Zigarette. Und der Schlaf.
Die Müdigkeit von vielen Nächten der Ver-
    bannung –
die Müdigkeit von 5111 Nächten.
Der Schlaf kam ohne Träume –
wozu träumen
jetzt?

SAID, 1999

ARBEITSANREGUNGEN

1. Betrachten Sie die Gedichte, in denen SAID seine Reiseerfahrungen im Iran verarbeitet. Arbeiten Sie heraus, in welchen Bereichen das lyrische Ich Unterschiede feststellt.
2. Welche **Haltung** nimmt das lyrische Ich ein? Belegen Sie Ihre Einschätzungen am Text.

Adel Karasholi

Adel Karasholi wurde 1936 in Damaskus geboren. Als Mitglied des arabischen Schriftstellerverbandes musste er nach dessen Verbot 1959 Syrien verlassen. Er kam über verschiedene Stationen (Beirut, München, Berlin/West) nach Leipzig, wo er seither lebt. 1970 Promotion über das Theater Brechts, 1968–1993 Lektor an der Universität Leipzig, seit 1993 freier Schriftsteller.

Adel Karasholi
Seiltanz

Und also sprach Abdulla[3] zu mir
Fremde ist zu deiner Rechten
Und zu deiner Linken ist Fremde
Denn du tanzt auf einem Seil
5 Und er sprach
Die Frage steht der Frage im Wege
Die Antwort der Antwort desgleichen
Denn du tanzt auf einem Seil
Und er sprach
10 Weder der Osten ist Osten
noch der Westen Westen in dir
Denn du tanzt auf einem Seil
Und er sprach
Schließe deine Augen
15 Und laufe so schnell du laufen kannst
Denn du tanzt auf einem Seil

3 **Abdulla:** A. ist kein Zarathustra (Prophet). Er ist eine fiktive Gestalt, die dem zweisprachigen Lyriker Adel Karasholi die Möglichkeit bietet, mit sich selbst Zwiesprache zu halten.

Adel Karasholi
Der Reisende

Und also sprach Abdulla zu mir
Lang ist die Reise und du sitzt im Zug
  allein
Nur die Berge in der Ferne
5 Nur das wüste Land und enge Gassen
Und er sprach
Niemand folgt dir
Niemand verfolgt dich
Niemand hält dich zurück
10 Rückwärts verschwinden die Menschen
Ihre Gesichter berühren das Gedächtnis
  nicht
Ihre Blicke sind flüchtig
Unhörbar ihre Stimmen
15 Ich aber sprach
Noch einmal ankommen irgendwo
Ausruhen können noch einmal
Einmal dort sein wo die Erinnerung
Bescheid weiß

ARBEITSANREGUNGEN

1. Die Form der Gedichte ist der Struktur altislamischer Sufi-Texte aus dem zehnten Jahrhundert entlehnt, in denen die Befragung der Welt nicht nach außen gerichtet, sondern nach innen gekehrt ist. Stellen Sie Überlegungen an, warum Karasholi sich durch die Erfindung der Figur des Abdulla an diese Texte anlehnt.
2. Wie wirken diese beiden Texte? Begründen Sie.

Yüksel Pazarkaya wurde 1940 geboren, seit 1958 lebt er in Deutschland, Studium der Chemie mit Diplomabschluss, Studium der Germanistik mit Promotion. Ausbürgerung aus der Türkei in den 1970er Jahren, anerkannter Asylant in Deutschland bis zu seiner mittlerweile erfolgten Einbürgerung. Er publiziert seit 1960 in Türkisch und Deutsch und übersetzt aus beiden Sprachen.

Yüksel Pazarkaya

Yüksel Pazarkaya
Gedanken auf der Flucht

1

Wo blieb mein Holzkoffer
Wie ich in weiter Ferne

Dieser Fernseher passt jedoch nicht in ihn
Der Waschautomat und der Geschirrspüler
5 Die Sitzgruppe und das Schlafzimmer im Möbelhaus gekauft
Und die Kücheneinrichtung
Sie passen nicht in meinen Holzkoffer
Nicht einmal die Kaffeemaschine
– Da ich hier süchtig wurde nach gefiltertem Bohnenkaffee –
10 Der Staubsauger und die Musikbox
Wie kann doch alles und noch viel mehr hineinpassen in den Holzkoffer

Eine Handvoll Weizengrütze
Ein Pfund weiße Bohnen und
Eine kleine Flasche Raki und
15 Die selbst gemachte Hirtenflöte
Hatte ich eingepackt für die Reise
In die Hoffnung die bange
Und einige Lieder die nach Erde rochen
Nach Trennung und Sehnsucht
20 Einige Lieder verstaut im Holzkoffer

2

Meine gestauten Ängste kann ich hier nicht zurücklassen
Meine verbrauchten Hoffnungen
Auch sie will ich mitnehmen
Beschimpfungen gesammelt durch so viele Jahre
25 Beleidigende Blicke gehäuft zu einem Buckel
Schritte die ich gemacht
Die Kraft meiner Arme dahin auf Fließbändern

Die Jahre verflossen vor meinen Augen
Alles alles möchte ich mitnehmen
30 Dazu noch meine Träume gerade die Träume

Die Luftschlösser die ich baute
Und all meine Verbrauchtheit all meine Erschöpfung

Ich soll gehen na gut ich soll gehen von hier
Hier hinterlassen möchte ich jedoch
35 Nichts von mir

3

Wo ist mein Holzkoffer
Wo blieb er liegen
Wo abhandengekommen mein Ich darin

Mit meinem Ich besiegt und verloren
40 Passe ich nicht mehr in den Holzkoffer
Dafür ins Auto vorm Haus passt allemal
Ein verlorenes Ich mit seinen sieben Sachen
Gekauft für den Preis jener Hoffnung der bangen

4

Seele haucht sich aus Hoffnung nicht
45 Abgründe reißen sich auf vorm Flüchtling
Es ist kein Fluchtauto das vorm Haus
Der dich zum Gehen auffordert
Hat hier nichts verloren

Und hinterlassene Spuren
50 Lassen sich nicht mitnehmen.

ARBEITSANREGUNGEN

1. Hier liegt Ihnen ein **Gedichtzyklus** zum Thema Flucht vor. Untersuchen Sie die vier Gedichte. Sind es Variationen eines Themas? Werden in ihnen unterschiedliche Facetten eines Themas präsentiert? Gibt es inhaltliche und/oder sprachliche Bezüge zwischen den Gedichten?
2. Stellen Sie die Gedichte um. Hat die Reihenfolge eine Bedeutung?
3. Beschreiben Sie Pazarkayas **Stil**. Welche sprachlichen Mittel fallen besonders auf? Welche Wirkung erzeugen sie?

C Projektvorschläge

1 Gedichte vergleichen

Texte zum gleichen Thema entstehen oft innerhalb einer Epoche, aber auch über die Epochen hinweg zu unterschiedlichen Zeiten, Motive kehren in verschiedenen Texten wieder, Dichter beziehen sich häufig aufeinander oder auf dasselbe Geschehen. Es lohnt sich, Gedichte miteinander zu vergleichen, um herauszufinden, ob zu verschiedenen Zeiten auch verschieden gedacht wurde, ob unterschiedliche Autoren über ein Geschehen, einen Zustand, ein Problem ähnlich denken und welche verschiedenen Ausdrucksmöglichkeiten sie jeweils wählen.

Sie hatten in den Kapiteln des B-Teils immer wieder Gelegenheit, themenverwandte oder themengleiche Gedichte miteinander zu vergleichen. In diesem Teil nun werden Gedichte einander gegenübergestellt, die (meist) aus unterschiedlichen Zeiträumen stammen, sodass sich die Frage nach der Vergleichbarkeit der Exilsituation, aber auch nach den Unterschieden der Erfahrungen stellt. Es wurde auch ein Vergleich ausgewählt, bei dem ein Gedicht explizit Bezug auf ein anderes nimmt.

1.1 Deutschland in der Nacht

Heinrich Heine
Nachtgedanken

Denk ich an Deutschland in der Nacht,
Dann bin ich um den Schlaf gebracht,
Ich kann nicht mehr die Augen schließen,
Und meine heißen Tränen fließen.

5 Die Jahre kommen und vergehn!
Seit ich die Mutter nicht gesehn,
Zwölf Jahre sind schon hingegangen;
Es wächst mein Sehnen und Verlangen.

Mein Sehnen und Verlangen wächst.
10 Die alte Frau hat mich behext,
Ich denke immer an die alte,
Die alte Frau, die Gott erhalte!

Die alte Frau hat mich so lieb,
Und in den Briefen, die sie schrieb,
15 Seh ich, wie ihre Hand gezittert,
Wie tief das Mutterherz erschüttert.

Die Mutter liegt mir stets im Sinn.
Zwölf lange Jahre flossen hin,
Zwölf lange Jahre sind verflossen,
20 Seit ich sie nicht ans Herz geschlossen.

Deutschland hat ewigen Bestand,
Es ist ein kerngesundes Land,
Mit seinen Eichen, seinen Linden,
Werd ich es immer wiederfinden.

25 Nach Deutschland lechzt ich nicht so sehr,
Wenn nicht die Mutter dorten wär;
Das Vaterland wird nie verderben,
Jedoch die alte Frau kann sterben.

Seit ich das Land verlassen hab,
30 So viele sanken dort ins Grab,
Die ich geliebt – wenn ich sie zähle,
So will verbluten meine Seele.

Und zählen muss ich – Mit der Zahl
Schwillt immer höher meine Qual,
35 Mir ist, als wälzten sich die Leichen,
Auf meine Brust – Gottlob! sie weichen!

Gottlob! durch meine Fenster bricht
Französisch heitres Tageslicht;
Es kommt mein Weib, schön wie der Morgen,
40 Und lächelt fort die deutschen Sorgen.

Der Liedermacher Wolf Biermann wurde 1976 aus der DDR ausgebürgert. Nach seiner Ausbürgerung verließen zahlreiche Schriftstellerinnen und Schriftsteller (Sarah Kirsch, Jürgen Fuchs u. a.) mehr oder weniger freiwillig die DDR.

Wolf Biermann

Wolf Biermann
Kaminfeuer in Paris

Mit neuen Freunden saß ich die Nacht
am Kaminfeuer in Paris
wir tranken vom Beaujolais Nouveau
und sangen „Le temps des cerises".

5 Sie erzählten von der Commune de Paris
und viel vom Pariser Mai.
Ich trank mein' Wein und hörte zu
und dachte an Deutschland dabei.

Ja, ich dachte an Deutschland in der Nacht
10 und stocherte in der Asche.
Doch wer behauptet, ich hätte geweint
der lügt sich was in die Tasche!

ARBEITSANREGUNGEN

1. Die „deutschen Sorgen" steigern sich in der Nacht des Exils zum Alptraum. Belegen Sie diese Interpretationshypothese am Text. Unterscheiden Sie dabei zwischen dem ernsthaften Anliegen und der ironischen Gestaltung durch Gegensatzpaare („Vaterland" – „Mutterherz"), banale Reime und Häufung rhetorischer Mittel.
2. Wolf Biermann bezieht sich explizit auf Heinrich Heine. Zeigen Sie, inwieweit sich das Verständnis des Biermann-Textes verändert, wenn man das Gedicht Heines kennt.
3. Führen Sie weitere **epochenübergreifende Gedichtvergleiche** an anderen Gedichten aus diesem Band durch:
   a) Alfred Wolfenstein: Herbst (Seite 53)
      Georg Herwegh: Heimweh (Seite 32)
   b) Heinrich Heine: In der Fremde (Seite 36)
      Else Lasker-Schüler: Über glitzernden Kies (Seite 48)

1.2 Kargwort neben Kargwort

Abdolreza Madjerey, 1940 in Tuss/Maschhad (Iran) geboren. Abitur in Teheran. Seit 1959 in Deutschland. Medizinstudium. Seit 1976 als niedergelassener Nervenarzt und Psychotherapeut in Wermelskirchen tätig.

Torkan wurde 1941 in Azar Schahr (Iran) geboren. Pädagogikstudium 1959–1961, 1961–1964 Volksschullehrerin in Teheran und Studium der Anglistik. 1964 in die Bundesrepublik, seit 1970 freie Journalistin.

Abdolreza Madjerey
Fremdwortlegionär

Auf den Inseln deiner Muttersprache
bist Du Dein eigener Herr
den Schlüsselbund der Buchstaben
in der Hand
bleibst du hinter den Gittern der Erinnerung
freiwillig.

In dem Kerker der Fremdsprache
bist du als Söldner
bleibst Fremdwortlegionär
und verteidigst die fremden Inseln
indem du gebaut hast
die Zitadelle
deines Sprechens
vielleicht vergebens.

Torkan

Nie werde ich Frieden schließen
mit mir
solange ich nicht in jedem Wort
das andere Wort
in meiner Sprache
suche

Nie werde ich
mit meinem geteilten Leben
in dem einen leben
und in dem anderen sterben.

Adel Karasholi

Und er sprach
Verlassend die Endstation
Der Sprachlosigkeit
Umarmt sich selbst
Der Fremde
Seiner Gebete Rosenkranz
Kargwort
Neben Kargwort

Gino Chiellino
Sklavensprache

mit mir willst
du reden
und
ich
soll
deine Sprache
sprechen

Yüksel Pazarkaya
deutsche sprache

die ich vorbehaltlos liebe
die meine zweite heimat ist
die mir mehr zuversicht
die mir mehr geborgenheit
5   die mir mehr gab als die
die sie angeblich sprechen

sie gab mir lessing und heine
sie gab mir schiller und brecht
sie gab mir leibniz und feuerbach
10   sie gab mir hegel und marx
sie gab mir sehen und hören
sie gab mir hoffen und lieben
eine welt in der es sich leben lässt

die in ihr verstummen sind nicht in ihr
15   die in ihr lauthals reden halten sind nicht in ihr
die in ihr ein werkzeug der erniedrigung
die in ihr ein werkzeug der ausbeutung sehn
sie sind nicht in ihr sie nicht

meine behausung in der kälte der fremde
20   meine behausung in der hitze des hasses
meine behausung wenn mich verbiegt die bitterkeit
in ihr genoss ich die hoffnung
wie in meinem türkisch

ARBEITSANREGUNG

Wählen Sie zwei der Gedichte aus. Interpretieren Sie sie zunächst getrennt und vergleichen Sie sie anschließend unter Berücksichtigung folgender Fragestellungen: Welche Bedeutung hat hier Sprache? In welchem Verhältnis stehen Muttersprache und Fremdsprache?

Hinweis: Achten Sie bei Madjerey vor allem auf die Bereiche, denen die Bilder entnommen sind, bei Torkan auf die Wirkung der anaphorischen Strophenanfänge, bei Pazarkaya auf die Parallelismen und bei allen Gedichten auf die Versbrüche.

2 Döner in Walhalla – Interkulturelle Literatur in Deutschland

Die interkulturelle Literatur in Deutschland ist so vielfältig, was Herkunftsländer der Autorinnen und Autoren, Gattungen und Publikationsformen betrifft, dass es sich lohnt, in einem großen Handbuch nachzuschlagen:

Die interkulturelle Literatur in Deutschland.
Ein Handbuch. Hrsg. von Carmine Chiellino.
Stuttgart: J. B. Metzler 2000.

ARBEITSANREGUNG

Interessieren Sie folgende Titel?
- „Es ist so einsam im Sattel, seit das Pferd tot ist"
- „Das Leben ist eine Karawanserei / hat zwei Türen / aus einer kam ich rein / aus der anderen ging ich raus"
- „Warum das Kind in der Polenta kocht"
- „Die Welt ist groß und Rettung lauert überall"

Dann finden Sie mehr über diese Texte heraus!

Einiges in Erfahrung bringen lässt sich auch über den **Adelbert-von-Chamisso-Preis** der Robert-Bosch-Stiftung, der jährlich an deutsch schreibende Autorinnen und Autoren ausländischer Herkunft vergeben wird. Viele der hier gedruckten Autorinnen und Autoren sind in den letzten Jahren mit dem Adelbert-von-Chamisso-Preis ausgezeichnet worden.

Harald Weinrich

Um eine deutsche Literatur von außen bittend (1983)

Chamisso-Autoren können jene Schriftsteller und Schriftstellerinnen genannt werden, die ihre Werke – wie einst Adelbert von Chamisso – in der ihnen ursprünglich fremden Sprache Deutsch verfassen. Deutsch ist also für sie eine Sprache, die sie aus Gründen, die von Fall zu Fall sehr unterschiedlich sein können, als Literatursprache gewählt haben. Sie haben damit eine Entscheidung getroffen und in vielen Fällen treffen müssen, die ihnen beim Schreiben die Bequemlichkeit einer Muttersprache entzogen und die Erschwernisse einer Fremdsprache auferlegt hat.

Sie können auch Kontakt aufnehmen zu den unterschiedlichen **binationalen Kulturvereinen** in Ihrer Stadt oder Region, zu **Pro Asyl** oder **amnesty international** (informieren Sie sich über diese Organisationen) oder zu den **Ausländerbeauftragten** Ihrer Stadt, Ihrer Region oder der Kirchen, um herauszufinden, ob deutsch schreibende Schriftstellerinnen und Schriftsteller ausländischer Herkunft in Ihrer Nähe leben.

PROJEKTVORSCHLÄGE

1. Planen Sie einen **multikulturellen Abend** mit literarischem Programm an Ihrer Schule. Stellen Sie Texte für eine Lesung selbst zusammen und tragen Sie sie vor oder laden Sie einen Schriftsteller oder eine Schriftstellerin aus der Umgebung ein.
2. Prüfen Sie nach, ob es schon einen **literarischen Führer** zu deutsch schreibenden Schriftstellerinnen und Schriftstellern in der Region gibt. Aktualisieren Sie ihn oder, wenn es noch keinen gibt, stellen Sie selbst einen solchen Führer zusammen.
3. Wählen Sie als nächstes **Stück für Ihre Theater-AG** ein Drama eines deutsch schreibenden ausländischen Dramatikers oder einer Dramatikerin (z. B. Francesco Micieli, Emine Sevgi Özdamar, Yoko Tawada).

3 www.exil-archiv.de – Exil und Emigration im Internet

Es gibt spezielle Seiten, auf denen Sie sich über Exil informieren können. Überlegen Sie sich ein Thema, wählen Sie einen Autor, eine Autorin und versuchen Sie, Informationen zu bekommen, z.B. unter folgenden Adressen:

www.pen-deutschland.de
www.exil-archiv.de
www.literaturepochen.at/exil

PROJEKTVORSCHLAG

Der Exil-Club ist ein Kooperationsprojekt von „Schulen ans Netz" und der Else-Lasker-Schüler-Stiftung. Diese Site ist als Online-Lernumgebung konzipiert. Jedes Jahr wird ein Wettbewerb ausgeschrieben, an dem Projektgruppen teilnehmen können. Die Wettbewerbsbeiträge der früheren Jahre liefern Informationen und Ideen für eigene Projekte. Sie können auf der Homepage des Exil-Clubs eingesehen werden.
Informieren Sie sich über den aktuellen Wettbewerb und nehmen Sie mit Ihrem Kurs teil.
Web-Adresse: *www.exil-club.de*

Textquellenverzeichnis

Al-Maaly, Khalid: Anwesend abwesend, S. 77, aus: Verlegen im Exil: Reden, Vorträge, Statements, Fakten & Fiktionen, Lyrik und Prosa. Dokumentation des Bremerhavener PEN-Symposiums '97 [vom 4. – 7. Juni 1997]/Volker Heigenmooser, S. 135 Bremerhaven: Wirtschaftsverl. NW, Verl. für Neue Wiss., 1997

Amodeo, Immacolata: Das deutsche Fräulein aus Kalabrien, S. 75, aus: Literatur des 20. Jahrhunderts. Eine Textsammlung für den Deutschunterricht in der Oberstufe. Schroedel Verlag, Hannover 2000, S. 172

Atabay, Cyrus: DEIN Leben, S. 83, aus: Die Leidenschaft der Neugierde. Neue Gedichte. Verlag Eremiten-Presse, Düsseldorf 1981, S. 12

– **Ders.:** Ein gelernter Deutschböhme, S. 82, aus: Die Leidenschaft der Neugierde. Neue Gedichte. a. a. O., S. 9

– **Ders.:** Stockung an der Passkontrolle, S. 83, aus: Viele Kulturen – eine Sprache. Adelbert-von-Chamisso-Preisträgerinnen und -Preisträger 1985–2001. Robert-Bosch-Stiftung 2001. S. 24

– **Ders.:** Selbstauskunft, S. 83, aus: Poet und Vagant. Der Dichter Cyrus Atabay. C. H. Beck Verlag, München 1997, S. 120

Ausländer, Rose: Biografische Notiz, S. 49, aus: Gesammelte Werke in 7 Bänden, Bd. 4. S. Fischer Verlag, Frankfurt a. Main 1984, S. 212

– **Dies.:** Bukowina II, S. 49, aus: Gesammelte Werke in 7 Bänden, Bd. 4. a. a. O. 1984, S. 72

– **Dies.:** Ein Tag im Exil, S. 52, aus: Gesammelte Werke in 7 Bänden, Bd. 3. Fischer, 1984, S. 30

– **Dies.:** Mutterland, S. 14, aus: Gesammelte Werke in 7 Bänden, Bd. 5. a. a. O., S. 98

Bark, Joachim: Epochenmerkmale: Die Lyrik des Vormärz, S. 31, aus: Biedermeier – Vormärz / Bürgerlicher Realismus. Ernst Klett Verlag, Stuttgart 1984, S. 70

Becher, Johannes R.: Das Sonett, S. 12, aus: Lyrik des Exils. Reclam Universal-Bibliothek, 1997, S. 246

Biermann, Wolf: Kaminfeuer in Paris, S. 89, aus: Verdrehte Welt – das seh' ich gerne. Verlag Kiepenheuer & Witsch, Köln 1982, S. 108

Biondi, Franco: Ode an die Fremde, S. 72, aus: Ode an die Fremde. Gedichte mit vier Abbildungen von Skulpturen Mile Prerads. Avlos Verlag, Sankt Augustin, 1995, S. 64

– **Ders.:** Sprachfelder 1, S. 73, aus: Ode an die Fremde. a. a. O., S. 121

– **Ders.:** Wie sind Sie zum Deutschen gekommen?, S. 73, aus: Viele Kulturen – Eine Sprache. Adelbert-von-Chamisso-Preisträgerinnen und -Preisträger 1985–2001. a. a. O., S. 13

Brecht, Bertolt: 1940, S. 60, aus: Gesammelte Werke in 20 Bänden/Gedichte 2. werkausgabe edition suhrkamp. Suhrkamp Verlag, Frankfurt/Main 1967, S. 81 f.

– **Ders.:** Frühling 1938, S. 59, aus: Gesammelte Werke in 20 Bänden/Gedichte 2. a. a. O., S. 815

– **Ders.:** Gedanken über die Dauer des Exils, S. 58, aus: Gesammelte Werke in 20 Bänden/Bd. 2. a. a. O., S. 718

– **Ders.:** Hollywood, S. 62, aus: Gesammelte Werke in 20 Bänden/Gedichte 3. a. a. O., S. 848

– **Ders.:** Aus dem Arbeitsjournal (5.4.1942), S. 10, aus: Arbeitsjournal 1938–1942. Suhrkamp Verlag, Frankfurt am Main 1997, S. 246

– **Ders.:** Rückkehr, S. 63, aus: Gesammelte Werke in 20 Bänden/Gedichte 3. a. a. O., S. 858

– **Ders.:** Schlechte Zeit für Lyrik, S. 61, aus: Gesammelte Werke in 20 Bänden/Gedichte 2. a. a. O., S. 743 f.

– **Ders.:** Sonett in der Emigration, S. 62, aus: Gesammelte Werke in 20 Bänden/Gedichte 3. a. a. O., S. 831

– **Ders.:** Über die Bezeichnung Emigranten, S. 56, aus: Gesammelte Werke in 20 Bänden/ Gedichte 2. a. a. O., S. 718

– **Ders.:** Zufluchtsstätte, S. 59, aus: Gesammelte Werke in 20 Bänden/Gedichte 2. edition suhrkamp. a. a. O., S. 720

Briegleb, Klaus: Heines Schreibweise, S. 35, aus: Lexikon linker Leitfiguren, Büchergilde Gutenberg, Frankfurt a. Main 1989, S. 168

Çelik, H. Eren: Wortspiel, S. 66, aus: Fremde deutsche Literatur. Autorinnen und Autoren ausländischer Herkunft. Stadt- und Landesbibliothek Dortmund, Verein für Literatur e.V., 1996

Cesaro, Ingo: Heimweh, S. 67, aus: Zu Hause in der Fremde. Ein bundesdeutsches Ausländerlesebuch. Verlag Atelier im Bauernhaus, Fischerhude, 1981, S. 141

Chamisso, Adelbert von: Das Schloss Boncourt, S. 28, aus: Sämtliche Werke Bd. 1. Wissenschaftliche Buchgesellschaft, Darmstadt 1975, S. 192

Chiellino, Gino: Bahnhof, S. 67, aus: Zwischen Fabrik und Bahnhof. Prosa, Lyrik und Grafiken aus dem Gastarbeiteralltag. Südwind e. V., Siegburg 1981, S. 46

– **Ders.:** für Rose Ausländer, S. 70, aus: Sich die Fremde nehmen. Neuer Malik Verlag, München 1987

– **Ders.:** Heimat, S. 3, aus: Sehnsucht nach Sprache. Neuer Malik Verlag, München 1987, S. 34

– **Ders.:** In dem Land meiner Kinder, S. 75, aus: Sehnsucht nach Sprache. a. a. O., S. 41

– **Ders.:** Nach Cosenza, ohne Proust, S. 70, aus: Sehnsucht nach Sprache. a. a. O., S. 25

– **Ders.:** Notate: Ohne Vater, S. 75, aus: Sehnsucht nach Sprache. a. a. O., S. 77

– **Ders.:** Ortsbestimmung: Meine Fremde, S. 71, aus: Sehnsucht nach Sprache. a. a. O., S. 33

– **Ders.:** Thesen zur Integration, S. 69, aus: Das Unsichtbare sagen! Prosa und Lyrik aus dem Alltag des Gastarbeiters. Neuer Malik Verlag, München 1983, S. 181 f.

– **Ders.:** Um der Integration näherzukommen, S. 70, aus: Das Unsichtbare sagen! Prosa und Lyrik aus dem Alltag des Gastarbeiters. a. a. O., S. 185

– **Ders.:** Werkstattgespräch, S. 71, aus: Viele Kulturen – eine Sprache. Adelbert-von-Chamisso-Preisträgerinnen und -Preisträger 1985–2001. Robert-Bosch-Stiftung 2001, S. 15

– **Ders.:** Sklavensprache, S. 90, aus: Viele Kulturen – Eine Sprache. Adelbert-von-Chamisso-Preisträgerinnen und -Preisträger 1985–2001. Robert-Bosch-Stiftung, 2001, S. 14

Domin, Hilde: Exil, S. 14, aus: Lyrik des Exils. Reclam Universal-Bibliothek, 1997, S. 243

– **Dies.:** Mit leichtem Gepäck, S. 51, aus: Lyrik des Exils. Reclam Universal-Bibliothek, 1997, S. 183

Emmerich, Wolfgang: Schreiben im Exil, S. 45, nach: Lyrik des Exils. Reclam Universal-Bibliothek, 1997, S. 37

Feuchtwanger, Lion: Der Schriftsteller im Exil, S. 10, aus: Ein Buch nur für meine Freunde. S. Fischer Verlag, Frankfurt am Main 1984

Filip, Ota: O du mein liebes fremdsprachiges Land, S. 76, aus: Verlegen im Exil: Reden, Vorträge, Statements, Fakten & Fiktionen, Lyrik und Prosa. Dokumentation des Bremerhavener PEN-Symposiums '97 [vom 4.–7. Juni 1997]/ Volker Heigenmooser. Bremerhaven: Wirtschaftsverl. NW, Verl. für Neue Wiss., 1997, S. 43 ff.

Freiligrath, Ferdinand: Die Auswanderer. Sommer 1832, S. 43, aus: Sämtliche Werke. Bd. 2. Max Hesse, o. J. [1906], S. 18 f.

Fried, Erich: Drei Gebete aus London, S. 55, aus: Deutschsprachige Exillyrik von 1933 bis zur Nachkriegszeit. Rodopi, 1998, S. 230

Graf, Oskar Maria: Brief eines Emigranten an seine Tochter, S. 49, aus: Lyrik des Exils. Reclam Universal-Bibliothek, 1997, S. 226

– **Ders.:** Jäher Schrecken, S. 52, aus: Lyrik des Exils. Reclam Universal-Bibliothek, 1997, S. 160

Greiffenberg, Catharina Regina: Auf meinen bestürmten Lebenslauf, S. 25, aus: Gedichte des Barock. Verlag Philipp Reclam, Stuttgart 1980, S. 27

– **Dies.:** Auf die unverhinderliche Art der Edlen Dicht-Kunst, S. 25, aus: Gedichte und Interpretationen. Renaissance und Barock. Verlag Philipp Reclam, Stuttgart 1982, S. 319

Heine, Heinrich: In der Fremde, S. 36, aus: Sämtliche Schriften. Verschiedene. Band 4. Hg. von Klaus Briegleb. Carl Hanser Verlag, München., 1971, S. 369

– **Ders.:** Anno 1839, S. 37, aus: Sämtliche Schriften. Romanzen. Band 4. a. a. O., S. 379

– **Ders.:** Lebensfahrt, S. 38, aus: Sämtliche Schriften. Zeitgedichte. Band 4. a. a. O., S. 420

– **Ders.:** Jetzt wohin?, S. 38, aus: Sämtliche Schriften. Romanzero. Band 6/1. a. a. O., S. 101

– **Ders.:** Enfant perdu, S. 39, aus: Sämtliche Schriften. Romanzero. Band 6/1. a. a. O., S. 120

– **Ders.:** Sterbende, S. 40, aus: Sämtliche Schriften. Romanzero. Band 6/1. a. a. O., S. 107

– **Ders.:** Wo?, S. 40, aus: Sämtliche Schriften. Nachlese. Band 4. a. a. O., S. 483

– **Ders.:** Nachtgedanken, S. 88, aus: Sämtliche Schriften. Zeitgedichte. Band 4. a. a. O., S. 432

Hernando, Conchita: Wo liegt unsere Sehnsucht, S. 74, aus: Zwischen Fabrik und Bahnhof. Prosa, Lyrik und Grafiken aus dem Gastarbeiteralltag. Südwind e. V., Siegburg 1981, S. 162

Herrmann-Neiße, Max: Mir bleibt mein Lied, S. 12, aus: Lyrik des Exils. Reclam Universal-Bibliothek, 1997, S. 250

Herwegh, Georg: Aus den Bergen, S. 33, aus: Morgenruf. Ausgewählte Gedichte, Insel Verlag, Frankfurt a. Main, 1975, S. 42

– **Ders.:** Gedichte eines Lebendigen. Heimweh, S. 32, aus: Morgenruf. Ausgewählte Gedichte. a. a. O., S. 37

– **Ders.:** Vive la république!, S. 34, aus: Morgenruf. Ausgewählte Gedichte. a. a. O., S. 44

Hoyers, Anna Ovena: Lob-Liedlein, S. 21, aus: Geistliche und Weltliche Prosa. Niemeyer Verlag, Tübingen 1986, S. 276 ff.

Kaléko, Mascha: Emigranten-Monolog, S. 50, aus: Lyrik des Exils. Reclam Universal-Bibliothek, 1997, S. 228

– **Dies.:** Sozusagen ein Mailied, S. 50, aus: Lyrik des Exils. Reclam Universal-Bibliothek, 1997, S. 212

Karasholi, Adel: Der Reisende, S. 85, aus: Also sprach Abdulla. Gedichte. A-1-Verlag, 1995, S. 26

– **Ders.:** Seiltanz, S. 85, aus: Also sprach Abdulla. Gedichte. a. a. O., S. 11

– **Ders.:** Und er sprach, S. 90, aus: Also sprach Abdulla. Gedichte. a. a. O., S. 64

Keun, Irmgard: Abendstimmung in Scheveningen, S. 54, aus: Lyrik des Exils. Reclam Universal-Bibliothek, 1997, S. 186

Kramer, Theodor: Vom Himmel von London, S. 55, aus: Lyrik des Exils. Reclam Universal-Bibliothek, 1997, S. 187 ff.

Lasker-Schüler, Else: Mein blaues Klavier, S. 48, aus: Lyrik des Exils. Reclam Universal-Bibliothek, 1997, S. 241

– **Dies.:** Über glitzernden Kies, S. 48, aus: Lyrik des Exils. Reclam Universal-Bibliothek, 1997, S. 176

Lenau, Nikolaus: Abschied. Lied eines Auswandernden, S. 44, aus: Lenaus Werke. Bibliografisches Institut ,Leipzig o. J., S. 150

– **Ders.:** Der Urwald, S. 44, aus: Lenaus Werke. Bibliografisches Institut, Leipzig o. J., S. 107

Madjerey, Abdolreza: Fremdwortlegionär, S. 90, aus: Fremde deutsche Literatur. Autorinnen und Autoren ausländischer Herkunft in NRW. Ein Reader. Stadt- und Landesbibliothek Dortmund, Verein für Literatur e.V., 1996

Mann, Klaus: Die Tradition lebendig halten, S. 9, aus: Der Wendepunkt. Rowohlt Verlag, Reinbek 1994, S. 335

– **Ders.:** Heimkehr oder Exil?, S. 9, aus: Der Wendepunkt. a. a. O., S. 496

Mann, Thomas: Zum Tod von Stefan Zweig, S. 8, aus: Briefe 1937–1947. S. Fischer Verlag, Frankfurt am Main 1963, S. 280

Mehring, Walter: Der Emigrantenchoral, S. 4, aus: Lyrik des Exils. Reclam Universal-Bibliothek, 1997, S. 155

Nirumand, Bahman: Zerrissen zwischen zwei Kulturen, S. 77, aus: Verlegen im Exil: Reden, Vorträge, Statements, Fakten & Fiktionen, Lyrik und Prosa. Dokumentation des Bremerhavener PEN-Symposiums '97 [vom 4.–7. Juni 1997]/Volker Heigenmooser. Bremerhaven: Wirtschaftsverl. NW, Verl. für Neue Wiss., 1997, S. 133 f.

Oliver, José F. A.: Fremd, S. 68, aus: Über Grenzen. Berichte, Erzählungen, Gedichte von Ausländern. dtv, 1987, S. 170

– **Ders.:** Woher, S. 74, aus: Über Grenzen. Berichte, Erzählungen, Gedichte von Ausländern. dtv, 1987, S. 171

Opitz, Martin: Lobgedicht, S. 22 f., aus: Weltliche Poemata 1644. Niemeyer Verlag, Tübingen 1967, S. 11–20

Ossietzky, Carl von: Schicksal teilen, S. 9, aus: Deutsche Exilliteratur, Bd. 1. Verlag J. B. Metzler, Stuttgart 1978, S. 213

Ovid (Publius Ovidius Naso): Tristia IV 6, S. 6, aus: Tristia. Epistulas ex Ponto – Briefe aus der Verbannung. Artemis Verlag, Zürich 1963, S. 205

Pazarkaya, Yüksel: Deutsche Sprache, S. 91, aus: Verlegen im Exil: Reden, Vorträge, Statements, Fakten & Fiktionen, Lyrik und Prosa. Dokumentation des Bremerhavener PEN-Symposiums '97 [vom 4.–7. Juni 1997] / Volker Heigenmooser. Bremerhaven: Wirtschaftsverl. NW, Verl. für Neue Wiss., 1997, S. 153

– **Ders.:** Gedanken auf der Flucht, S. 86, aus: Verlegen im Exil: Reden, Vorträge, Statements, Fakten & Fiktionen, Lyrik und Prosa. Dokumentation des Bremerhavener PEN-Symposiums '97 [vom 4.–7. Juni 1997] / Volker Heigenmooser. Bremerhaven: Wirtschaftsverl. NW, Verl. für Neue Wiss., 1997, S. 150 f.

Pfau, Ludwig: Der Auswanderer, S. 42, aus: Ausgewählte Werke. Silberburg Verlag, Tübingen 1993, S 42

Polgar, Alfred: Schicksal in drei Worten, S. 10, aus: Kleine Schriften, Bd. 1. Rowohlt Verlag, Reinbek 1994, S. 145

Rajčič, Dragica: Ein Haus, nirgends, S. 80, aus: Post bellum. Edition 8, Zürich 2000, S. 127

– **Dies.:** Emigranten, S. 78. In: Neue Sirene. Zeitschrift für Literatur. Nr. 15. Mai 2002, S. 66

– **Dies.:** Entschuldigung, S. 81, aus: Lebendigkeit ihre zurück. Edition 8, Zürich 1992, S. 43

– **Dies.:** Hunderste gedicht ohne trenen, S. 81, aus: Post bellum. Edition 8, Zürich 2000, S. 44

– Dies.: Ich habe zwei sprachen hinten, S. 81. Lebendigkeit ihre zurück. a. a. O.

– **Dies.:** Statistik, S. 80, aus: Post bellum. Edition 8, 2000, S. 33

– **Dies.:** Vertreibung, S. 82, aus: Post bellum. a. a. O., S. 13

– **Dies.:** vertreibung, S. 82. In: INN. Zeitschrift für Literatur, 13. Jahrgang, Nr. 36, Mai 1996, S. 34

Sachs, Nelly: In der Flucht, S. 51, aus: Lyrik des Exils. Reclam Universal-Bibliothek, 1997, S. 151

SAID: Am Anfang, S. 84, aus: Wo ich sterbe ist meine Fremde. Peter Kirchheim Verlag, München 2000, S. 9

– **Ders.:** Immer wieder, S. 84, aus: Wo ich sterbe ist meine Fremde. a. a. O., S. 26

– **Ders.:** Ich habe gesehen, S. 84, aus: Wo ich sterbe, ist meine Fremde. a. a. O., S. 36

– **Ders.:** Geliebte, S. 84, aus: Wo ich sterbe, ist meine Fremde. a. a. O., S. 62

– **Ders.:** Immer wieder falle, S. 84, aus: Wo ich sterbe, ist meine Fremde. a. a. O., S. 71

Schaitberger, Joseph: Trostlied eines Exulanten, S. 26, aus: *http://www.historisches-franken.de/auswanderer/ schaitberger/exulantenlied.htm*

Şenoçak, Zafer: Steine auf meinem Weg, S. 68, aus: Eine nicht nur deutsche Literatur. Zur Standortbestimmung der „Ausländerliteratur". Piper Verlag, München 1986, S. 145

Spiel, Hilde: Das Haus der Sprache, S. 11, aus: Die zerbrochene Feder: Schriftsteller im Exil. Thienemann Verlag, Stuttgart, 1984, S. 12

Tauchert-da Cruz, Clara: Insel, S. 68, aus: Über Grenzen. Berichte, Erzählungen, Gedichte von Ausländern. dtv, 1987, S. 173

Tekinay, Alev: Dazwischen, S. 68, aus: Viele Kulturen – eine Sprache. Adelbert-von-Chamisso-Preisträgerinnen und -Preisträger 1985–2001. Robert-Bosch-Stiftung, 2001, S. 27

Thoor, Jesse: Sonett im Herbst, S. 53, aus: Lyrik des Exils. Reclam Universal-Bibliothek, 1997, S. 207

Torkan: Nie werde ich Frieden schließen, S. 90, aus: Lyrik deutschsprachiger Perser. Sohrab, 1987

Trojanow, Ilja: Ich bin deutscher als ein Großteil der Passauer, S. 76, aus: Verlegen im Exil: Reden, Vorträge, Statements, Fakten & Fiktionen, Lyrik und Prosa. Dokumentation des Bremerhavener PEN-Symposiums '97 [vom 4.–7. Juni 1997]/Volker Heigenmooser. Bremerhaven: Wirtschaftsverl. NW, Verl. für Neue Wiss., 1997, S. 127–129

Walter, Hans-Albert: Öfter als die Schuhe die Länder wechselnd, S. 45, aus: Bibliothek der Exilliteratur. Büchergilde Gutenberg, Frankfurt am Main 1986, S. 4

Wehler, Hans-Ulrich: (Statistisches Material S. 15) aus: Deutsche Gesellschafts-Geschichte 1815 bis 1845/49. C. H. Beck Verlag, München 1987, S. 17 f.

Weinrich, Harald: Um eine deutsche Literatur von außen bittend, S. 92, aus: Viele Kulturen – eine Sprache. Adelbert von Chamisso-Preisträgerinnen und -Preisträger 2002. a. a. O., S. 9

Wolfenstein, Alfred: Herbst, S. 53, aus: Lyrik des Exils. Reclam Universal-Bibliothek, 1997, S. 263

Zech, Paul: Wovon leben?, S. 9, aus: Dort wo man Bücher verbrennt, verbrennt man auch am Ende Menschen. Literarische Werkstatt Göppingen, 1983, S. 10

Zuckmayer, Carl: Kleine Sprüche aus der Sprachverbannung, S. 13, aus: Lyrik des Exils. Reclam Universal-Bibliothek, 1997, S. 252

Zweig, Stefan: Declaração, S. 8, aus: Deutsche Literatur im Exil 1933–1945. Texte und Dokumente. Verlag Philipp Reclam, Stuttgart 1997, S. 418

Unbekannte Autoren/Autorinnen:

Leb wohl, du teures Land. Aus der mündlichen Überlieferung, S. 5, aus: Deutschland und Europa, Heft 35 (11/ 1997), S. 39

Lied zum Adio der adeligen ausgeschafften Christen in Steier, componirt von ihresgleichen guten Freunden. Anonymus, S. 27, aus: Oesterreichische Exulantenlieder evangelischer Christen aus der Zeit des dreißigjährigen Krieges. Steinkopf, 1861, S. 46–48

Bildquellenverzeichnis

S. 3: © Elfriede Wilhelm; S. 4, 12: ©VG Bild-Kunst, Bonn 2003; S. 5: Historisches Archiv der Hapag-Lloyd AG, Hamburg; S. 6: akg-images Berlin; S. 12: Arthothek, Weilheim; S. 14: akg-images, Berlin/Bruni Meya; S. 15,16, 17 22, 28: akg-images, Berlin; S. 18: © Globus Infografik GmbH, Hamburg; S. 24: Stadtbibliothek Nürnberg, Will II, 793; S. 27: mit freundlicher Genehmigung, Berlin/Abraham Pisarek; S. 33: ullstein bild, Berlin / Archiv Gerstenberg; S. 35: mit freundlicher Genehmigung der Westdeutschen Landesbank, Düsseldorf; S. 43, 44: akg-images, Berlin; S. 46/47: Rose Ausländer: dpa, Oskar Maria Graf: dpa, Johannes R. Becher: akg-images, Berlin, Mascha Kaléko: dpa, Hilde Domin: ullstein bild, Berlin /Schiffer-Fuchs, Irmgard Keun: dpa, Erich Fried: akg-images/Brigitte Hellgoth, Theodor Kramer: mit freundlicher Genehmigung des Verlags der Theodor Kramer Gesellschaft, Wien, Else Lasker-Schüler: akg-images, Berlin, Walter Mehring: akg-images, Berlin, Alfred Wolfenstein: bpk, Berlin, Nelly Sachs: akg-images, Berlin, Carl Zuckmayer: akg-images, Berlin; S. 48: akg-images, Berlin; S. 47, 48, 52: © VG Bildkunst, Bonn 2003; S. 54: arthothek/Christie's New York; S. 56: Arthothek, Weilheim; S. 59: mit freundlicher Genehmigung des Bertolt-Brecht-Archivs, Berlin; S. 62: akg-images, Berlin; S. 63: ullstein bild, Berlin; S. 64: Der einmillionste Gastarbeiter: akg-images, Berlin, Fremdarbeiter: mit freundlicher Genehmigung von Mile Prerad; S. 65: mit freundlicher Genehmigung von Mile Prerad; S. 66+67: mit freundlicher Genehmigung von Avni Koyun; S. 69: mit freundlicher Genehmigung von Gino Chiellino; S. 72: mit freundlicher Genehmigung von Franco Biondi; S. 74: Analphabeten in zwei Sprachen, 1978, Hanefi Yeter, Berlin; S. 78: Christian Känzig, Zürich; S. 83: Brigitte Friedrich, Köln; S. 84: Isolde Ohlbaum, München; S. 85: Stefan Hoyer; S. 86: Mehmet Ünan; S. 89: dpa; S. 93: © P.E.N.-Deutschland, © Universität Hamburg, © bm:bwk Wien

Redaktion: lüra – Klemt & Mues GbR, Wuppertal
Umschlaggestaltung: Knut Waisznor
Lay-out und technische Umsetzung: Ralf Franz, Stürtz AG Berlin

www.cornelsen.de

Die Links zu externen Webseiten Dritter, die in diesem Lehrwerk angegeben sind, wurden vor Drucklegung sorgfältig auf ihre Aktualität geprüft. Der Verlag übernimmt keine Gewähr für die Aktualität und den Inhalt dieser Seiten oder solcher, die mit ihnen verlinkt sind.

Dieses Werk berücksichtigt die Regeln der reformierten Rechtschreibung und Zeichensetzung. Bei den mit R gekennzeichneten Texten haben die Rechteinhaber einer Anpassung widersprochen.

2. Auflage, 4. Druck 2015 / 06

Alle Drucke dieser Auflage können im Unterricht nebeneinander verwendet werden.

© 2004 Cornelsen Verlag, Berlin
© 2012 Cornelsen Schulverlage GmbH, Berlin

Das Werk und seine Teile sind urheberrechtlich geschützt. Jede Nutzung in anderen als den gesetzlich zugelassenen Fällen bedarf der vorherigen schriftlichen Einwilligung des Verlages. Hinweis zu den §§ 46, 52a UrhG: Weder das Werk noch seine Teile dürfen ohne eine solche Einwilligung eingescannt und in ein Netzwerk eingestellt oder sonst öffentlich zugänglich gemacht werden. Dies gilt auch für Intranets von Schulen und sonstigen Bildungseinrichtungen.

Druck: Mohn Media Mohndruck, Gütersloh

ISBN 978-3-464-60914-9

PEFC zertifiziert
Dieses Produkt stammt aus nachhaltig bewirtschafteten Wäldern und kontrollierten Quellen.
www.pefc.de